CASTANEDA VERSTEHEN

CARLOS CASTANEDA BEGREIFEN

PETER LUCE

Übersetzt von
@LPHA UDOVICH

PETER LUCE

Sri, Komang, Alex und Tommy gewidmet.

INHALT

Danksagung	vii
Castanedas veröffentlichte Werke	ix
1. Pablitos Mutter	1
2. Warum Castaneda Lesen?	5
3. Kraftpflanzen	23
4. Universale Kraft	37
5. Mit den Dons in der Wüste	49
6. Das andere Selbst von einer Klippe werfen	65
7. Das andere Selbst wiederfinden	83
8. Zusammen träumen	97
9. Kokons und Filamente	113
10. Konservative und Liberale	129
11. Verloren in einem Traum	139
12. Landung in L.A.	163
13. Eine Yaqui Schlussfolgerung	175
14. Großvater und Antoine	181
15. Zwölf Bücher, dreißig Jahre	191
Verweise	203
Über den Autor	205

Mit Dank an den Herausgeber, Leslie Caplan; Berater und Korrekturleser, Paul Greenway; und Designer, Sri Luce Rusna.

CASTANEDAS VERÖFFENTLICHTE WERKE

Buch 1
Castaneda, Carlos. 1968. Die Lehren von Don Juan: Ein Yaqui Weg des Wissens

Buch 2
Castaneda, Carlos. 1971. Eine andere Wirklichkeit: Neue Gespräche mit Don Juan

Buch 3
Castaneda, Carlos. 1972. Reise nach Ixtlan: Die Lehre des Don Juan

Buch 4
Castaneda, Carlos. 1974. Der Ring der Kraft

Buch 5

Castaneda, Carlos. 1977. Der zweite Ring der Kraft: Don Juan in den Städten

Buch 6
Castaneda, Carlos. 1981. Die Kunst des Pirschens

Buch 7
Castaneda, Carlos. 1984. Das Feuer von innen

Buch 8
Castaneda, Carlos. 1987. Die Kraft der Stille: Neue Lehren des Don Juan

Buch 9
Castaneda, Carlos. 1993. Die Kunst des Träumens

Buch 10
Castaneda, Carlos. 1998. Tensegrity. Die magischen Bewegungen des Zauberers

Buch 11
Castaneda, Carlos. 1998. Das Rad der Zeit: Das Vermächtnis des Don Juan

Buch 12
Castaneda, Carlos. 1999. Das Wirken der Unendlichkeit

1

PABLITOS MUTTER

Um zu verstehen, worauf Sie sich einlassen, wenn Sie Carlos Castaneda verstehen wollen, betrachten Sie die folgende Episode. Castaneda sagte, es sei eine wahre Geschichte, sie wäre wirklich passiert. Er gab kein genaues Datum an; es war irgendwann 1974 oder 1975.

Er hatte gerade sein viertes Buch, Der Ring der Kraft, veröffentlicht. Am Ende beschrieb er den Sprung von einer Klippe, den Akt, der seine Lehre bei dem Zauberer Don Juan beendete. Aber nachdem er das Buch geschrieben hatte, fühlte er sich verwirrt. Er sagte, er sei nach Mexiko zurückgegangen, um herauszufinden, was wirklich mit ihm passiert war.

Er beschloss, zuerst zu Pablitos Haus zu gehen. Pablito, sein Mit--Lehrling, war an diesem Tag des Jahres 1973 auf der Hochebene gewesen. Was auch immer dort passiert war, sie waren zusammen gewesen.

Gegen Mittag fuhr er um das ganze Dorf herum, um nicht gesehen zu werden. Aber etwas war anders. Der Fußweg war jetzt zu einer Straße erweitert; er konnte bis in den Vorgarten fahren. Das Haus hatte eine neue Fassade und ein riesenhafter Hund saß davor.

Pablitos Mutter, Dona Soledad, stürzte aus der Tür. Sie hatten ihr aufgrund ihres ausladenden Hinterteils und ihres irgendwie spitzen Kopfes den Spitznamen „Frau Pyramide" gegeben. Aber nun war sie plötzlich schlank und wohlgeformt und sah zwanzig Jahre jünger aus! Sie begrüßte ihn sofort, dann stemmte sie ihre Fäuste in die Hüften und stand ihm gegenüber. Sie präsentierte sich ihm und verströmte dabei mit strahlendem Blick, die Kraft eines jungen Mädchens. Kühn hängte Sie sich in seinen Arm ein und er fühlte, wie sie ihre Brust gegen ihn drückte, als sie von seinem Auto weggingen.

Sie erzählte ihm, dass Pablito für ein paar Tage fortgegangen sei. Auf seine Frage nach Don Juan sagte sie, er sei für immer fort und würde nie wiederkommen. Sie sagte, Don Juan habe ihr Anweisungen gegeben, für den Zeitpunkt, wenn Castaneda zurückkehrte; sie sagte ihm, er solle mit in ihr Zimmer kommen.

Castaneda flippte aus und wollte sofort verschwinden, aber er folgte Soledad in den Raum. »Du und ich sind gleich«, sagte sie und setzte sich auf die Bettkante. Als er nicht reagierte, stand sie auf, ließ ihren Rock fallen und fing an, ihre Scham zu streicheln. "Du und ich sind hier eins! Du weißt, was du zu tun hast!" Trotz seiner Angst war Castaneda nicht in der Lage, wegzuschauen und bewunderte ihren neuen, jugendlichen Körper.

Er entschied, dass es besser wäre, dort schnell wegzukommen, also entschuldigte er sich und ging zu seinem Auto. Er öffnete den Kofferraum, um einige Geschenke auszuladen, die er mitgebracht hatte. Als er sich vorbeugte, fühlte er eine riesige pelzige Hand in seinem Nacken.

Er schrie und fiel zu Boden. Dona Soledad stand ein

paar Schritte von ihm entfernt und zuckte mit einem entschuldigenden Lächeln mit den Schultern. Castaneda fragte sich, wie er hatte so dumm sein können, wieder nach Mexiko zurückzukehren und wieder in diesen "bodenlosen Abgrund" zu fallen.

Sie taumelte und krallte sich mit zusammengebissenen Zähnen an ihm fest. Er trat nach ihr und warf sich dann über sein Auto, aber sie packte seinen Fuß. Beide fielen zu Boden. Der riesige Hund schloss sich dem Kampf an.

Castaneda rannte ins Haus und verriegelte die Tür; er hörte, wie der Hund sich in die schreiende Dona Soledad verbiss. Plötzlich wurde ihm klar, was für einen dummen Schachzug er gerade geliefert hatte, als ob er "vor einem gewöhnlichen Gegner wegrannte, der durch einfaches Verschließen einer Tür ausgeschlossen werden konnte". Jetzt war er im Haus eingeschlossen, während die Hexe und ihr Hund zwischen ihm und seinem Auto waren!

Er ließ Soledad ins Haus, blutend, mit zerrissenen Kleidern und schreiend, was dieser verdammte Hurensohn von Hund ihr angetan hatte. Er flitzte blitzschnell zum Auto, setzte sich auf den Fahrersitz, startete den Motor und warf den Rückwärtsgang ein. Als er sich umdrehte, um über seine Schulter zu blicken, fand er sich Auge in Auge mit dem schnappenden und sabbernden Hund.

Irgendwie schaffte er es wieder auf das Dach seines Autos. Dort rutschte er herum und versuchte, das Tier aus einer Tür herauszulocken, damit er selbst durch die andere hineinspringen konnte. Soledad beobachtete die Szene vom Haus aus, lachend, mit nacktem Oberkörper. Castaneda hielt für einen Moment inne und bemerkte, wie ihre Brüste von den Zuckungen ihres Lachens bebten. Er war als Frauenheld bekannt und damit spielte sie. Er ging zurück ins Haus.

Dona Soledad behauptete, dass es für ihn hoffnungslos sei, zu entkommen zu versuchen, ebenso wie es für sie hoffnungslos wäre, zu versuchen, ihn dort festzuhalten. Die beiden waren zu einem bestimmten Zweck zusammengebracht worden und keiner konnte gehen, bevor der Zweck erfüllt war. Um ihn zu beruhigen, versprach sie, ihm alles wahrheitsgemäß zu erklären und seine Fragen ehrlich zu beantworten.

In ihrem Zimmer zog Castaneda seinen Notizblock hervor und schrieb. Sie erzählte ihm ihre Lebensgeschichte und ihre Geschichte mit Don Juan. Er fragte nach den anderen Lehrlingen, den männlichen und den weiblichen, wer sie waren und was sie von ihm hielten. Dies dauerte fünf oder sechs Stunden, bis es zu dunkel wurde, um weiter Notizen zu machen.

Als die Nacht hereinbrach, bereitete Dona Soledad zwei warme Badewannen mit aromatisiertem Wasser vor und sie wuschen sich beide. Das Bad macht, dass er sich taub und prickelnd fühlte. Als Nächstes lag er plötzlich auf ihr. Er wusste, dass er in Gefahr war, doch irgendetwas hielt ihn dort fest.

Castaneda erinnerte sich daran, dass Don Juan ihm einst gesagt hatte, dass "unser größter Feind die Tatsache ist, dass wir niemals glauben, was mit uns geschieht". Plötzlich wurde ihm klar, dass Dona Soledad ihr Haarband um seinen Hals geschlungen hatte und ihn mit viel Kraft und Sachkenntnis würgte.

2

WARUM CASTANEDA LESEN?

Carlos Castanedas berühmte Bücher über seine Zauberlehre bei Don Juan gelten allgemein als Teil der Gegenkulturbewegung der 1960er Jahre. Wenn wir Castanedas Namen hören, denken wir an den Themenkomplex dieser Zeit: Rebellion, Bürgerrechte, freie Meinungsäußerung, sexuelle Revolution, Selbsterfahrung, New Age Spiritualität, Woodstock, Hippies und natürlich Marihuana, LSD und andere psychedelische Drogen.

Castanedas frühe Schriften handeln von Peyote, Pilzen und anderen "Kraftpflanzen". Dieser Schwerpunkt trug wesentlich zu seinem Erfolg in den späten sechziger und frühen siebziger Jahren in den USA bei. Seine Bücher standen neben den populären Werken von Aldous Huxley, Timothy Leary, Ken Kesey und anderen Autoren dieses speziellen Genres in den Regalen. Für sie stellten LSD und andere psychotrope Drogen eine Möglichkeit dar, der Menschheit die Türen der Wahrnehmung zu öffnen und ihr Bewusstsein in Richtung einer helleren Zukunft voller Frieden und Liebe zu erweitern. Gleichzeitig fand auch eine Bewegung in Richtung esoterischer östlicher Religionen statt, insbesondere Hinduismus und Buddhismus mit ihren meditativen und Yoga-Traditionen, die inneren Frieden versprachen. Die Beatles waren weltberühmt geworden, als sie über diese Themen sangen und es schien, als ob sie alles auf einen Nenner gebracht hätten, als sie "All you need is love" sangen.

Doch Castaneda war nicht in dieser Richtung unterwegs. Wie die Episode im ersten Kapitel zeigt, war seine Exotik nicht ruhig und sanft oder gar Alice im Wunderland-seltsam. Sie war dunkler und gefährlicher, manchmal grenzwertig verrückt, immer ziemlich weit hergeholt und dennoch irgendwie überzeugend. Bei Castaneda war das keine unbeschwerte Fahrt in eine wunderbare Zukunft des erweiterten Bewusstseins. Es war eher so, als würde man weggeschleudert und irgendwohin an einen gefährlichen Ort geworfen - allein. Du hast keine Ahnung, wo du bist. Du erinnerst dich nicht, wo du herkommst. Wenn du überlebst, hast du etwas gelernt.

Er wird auch mit der Selbsthilfeliteratur, die in den sechziger und siebziger Jahren ihren Aufschwung hatte, in Verbindung gebracht. Castanedas Werke wurden in vieler Hinsicht weitgehend falsch interpretiert. Nachdem seine Bücher so erfolgreich geworden waren, erschienen auch von anderen Autoren Bücher, die angeblich indianische Traditionen von Heilung, Gesundheit und spirituellem Wohlbefindens förderten. Tatsächlich sagte Castaneda, dass das Ego eingeschränkt und ausgelöscht, nicht repariert und verbessert werden solle. Für ihn war zu viel Aufwand um Selbstmitleid und Selbstdarstellung das Hauptcharakteristikum des modernen Menschen und die wahre Herausforderung, der sich die Menschheit stellen musste, um zu überleben und vorwärtszukommen.

Diese Fehlinterpretationen machen es schwer, durchzublicken und zu verstehen, worüber Castaneda in seinen Werken, 12 Bücher, die zwischen 1968 und 1998 in über 30 Jahren veröffentlicht wurden, tatsächlich schrieb.

Castanedas Werke warfen Fragen über seine akademische, journalistische und literarische Ehrlichkeit auf. Während seines ganzen Lebens behauptete er unnachgiebig, dass seine Bücher autobiografisch seien, dass er Don Juan wirklich getroffen habe, dass er als Zauberer ausgebildet wurde und dass er selbst ein Zauberer war, der eine Zauberertruppe in einer modernen Zauberei-Mission anführte. Das sind echte Probleme mit Castaneda und sie sind unlösbar. Diese ungelösten Fragen über seine grundlegende Integrität wirken sich negativ auf das Geschriebene selbst aus. Wir brauchen eine Lösung für dieses Problem, auch wenn sie ebenso unbeweisbar ist, damit wir die Diskrepanzen umgehen und die Arbeit selbst betrachten können.

***

Wer war Carlos Castaneda wirklich?

Gemäß seiner Bücher war Carlos Castaneda Anthropologiestudent an der UCLA, der um 1960 wiederholte Reisen in den Südwesten der USA unternahm, um "Informationen über Heilpflanzen zu sammeln, die von den Indianern der Gegend verwendet wurden".

Unterwegs traf er Juan Matus, bekannt als "Don Juan", einen 70-jährigen Yaqui-Indianer, der sich nicht nur mit medizinischen Kräutern wie Peyote und Datura auskannte, sondern auch ein Zauberer einer Tradition des Schamanismus und der Magie war, die ihren Ursprung vor mehr als 8000 Jahren hatte.

Die ursprünglichen Zauberer des alten Mexiko wurden bereits in der Antike durch Eroberer vertrieben und schließlich von den eindringenden Spaniern und der Inquisition zum Aussterben gebracht. Ihre Zaubertradition entwickelte sich dann über die Jahrtausende zu etwas eher Modernem. Don Juan und seine Gruppe von sechzehn Gefolgsleuten praktizierten diese moderne Form und nannten sich selbst die "neuen Seher".

Castaneda wurde ihr Lehrling und verbrachte dreizehn Jahre damit, in Mexiko von ihnen die Zauberei zu erlernen. Weitere fünfundzwanzig Jahre lang versuchte er, seine eigene Zauberergruppe in Mexiko und Los Angeles aufzubauen. Seine elf Bücher beschreiben seine Abenteuer und erklären sein Training. Er starb 1998.

Gemäß Castanedas Bericht benutzten die sechzehn Zauberer, die ihn zum neuen Seher ausgebildet hatten, eine Lehrmethode, die sie aus der Antike geerbt hatten. Sie benutzten eine Form der Bewusstheit, die sie die "zweite Aufmerksamkeit" nannten.

Lernen in der zweiten Aufmerksamkeit ähnelt einem Zustand unter Hypnose oder unter bestimmten Narkosearten. Die alten Lehrer konnten diesen Zustand in Castaneda auslösen, wie ein Hypnotiseur, der einen Patienten hypnotisiert. Während Castaneda sich in diesem Zustand, den sie auch "erhöhtes Bewusstsein" nannten, befand, fühlte er sich unglaublich klar und total beeinflussbar.

Während sich Castaneda in gesteigertem Bewusstsein befand, konnten seine Lehrer ihn alle uralten Geheimnisse der Zauberei lehren und er verstand sofort, was er gelernt hatte. Dieses Wissen wurde treu in seinem Geist oder Körper gespeichert, doch wenn seine Lektion beendet war, musste er aus dem erhöhten Bewusstsein herausgebracht werden und kehrte in seinen Normalzustand zurück.

Ebenso wie ein Subjekt der Hypnose alles was unter der Hypnose passiert ist, vergisst, wenn es in die Normalität zurückkehrt und wie anästhesierte Patienten, die sich ihrer

Operation bewusst sind, sich danach an nichts mehr erinnern, ebenso vergisst ein Schüler, der in erhöhtem Bewusstsein unterrichtet wird, alles bei seiner Rückkehr ins normale Bewusstsein. Er vergisst nicht nur, was er gelernt hat, er vergisst sogar, dass er selbst in diesem veränderten Zustand war und wer bei ihm war. Er verliert den Überblick über dieses Zeitsegment seines Lebens.

Castaneda sagt, dass es unmöglich wäre, alles über Zauberei zu lernen, während wir uns in unserem normalen Geisteszustand befinden. Zu viel davon widerspricht dem gesunden Menschenverstand und der Vernunft. In unserem normalen Geisteszustand können wir Zauberkonzepte nur theoretisch akzeptieren, was dieses Wissen für uns jedoch unbrauchbar macht, abgesehen von einem Gesprächsthema.

In den ersten fünf von Castanedas Büchern weiß und spricht er nur von zwei Zauberlehrern - Don Juan und seinem Assistenten Don Genaro. Doch waren es sechzehn Älteste, die von Anfang bis zum Ende für seine Lehre verantwortlich waren. Sie nutzten ihre Fähigkeit, erhöhtes Bewusstsein zu manipulieren, sodass Castaneda sich in seinem normalen Geisteszustand nie über seine vierzehn anderen Lehrer bewusst war. Sie brachten ihm alles bei, was er lernen musste, um ihr Wissenssystem zu meistern und dann ließ er es ihn vergessen. Er vergaß sogar, dass er bei ihnen gewesen war.

Sie überließen ihm selbst die Aufgabe, sich an sie und all die Lehren zu erinnern und dieses Wissen als seine eigene persönliche Kraft einzufordern. Diese Art des Erinnerns ist vergleichbar mit der Erinnerung an verlorene Ereignisse aus der frühen Kindheit in der Psychotherapie. Die Zauberer in Don Juans Tradition taten dies durch die speziellen Techniken des Träumens.

Castaneda sagte, dass es mehr als 20 Jahre gedauert habe, sich an das meiste, aber nicht an alles, zu erinnern, was ihm beigebracht worden war. Während dieser Zeit schrieb er zwölf Bücher, zusammengesetzt aus seinen direkten Erinnerungen, kombiniert mit seinen neu auftauchenden Erinnerungen, die mit der Zeit immer mehr und mehr wurden.

In den frühen Stadien gab Don Juan ihm halluzinogene Pflanzen zum Essen und Rauchen, um ihn aus seiner anfänglichen Lethargie herauszukatapultieren, doch das war nur ein sehr kleiner Teil von Castanedas Gesamterfahrung. Während er seine ersten beiden Bücher schrieb, glaubte er, dass seine Erfahrungen mit den Pflanzen von größter Bedeutung wären, dasselbe nahmen auch seine Leser an, die nur seine frühen Bücher gelesen hatten.

***

Um verständlich zu machen, was Castaneda in diesen 12 Büchern wirklich gesagt hat, und er hatte eine zusammenhängende Botschaft auf allen Ebenen, sowohl komplex wie auch konsistent, verwende ich verschiedene Zugangswege. Ich gehe ein Buch nach dem anderen durch und datiere sie. Die Chronologie historischer und literarischer Ereignisse zu erkennen und zu verstehen, wie sie miteinander verwoben sind, hilft beim Verständnis dessen, was passiert ist. Ich werde einige der Geschichten, die er erzählte, zusammenfassen und einige der Hauptfiguren vorstellen, um neue Leser auf den neuesten Stand zu bringen und bei alten Lesern die Erinnerung zu wecken. Dann erkläre ich seine zugrunde liegende Philosophie und zeige, dass es eine absolut konsistente Struktur von Konzepten gibt, die sich vom Anfang bis Ende durch die 12 Bücher durchziehen.

Es wäre nicht effektiv, Castanedas Philosophie einfach in einem Essay zu erklären. Wenn ich das versuchen würde, ginge die Erklärung etwa so: Castaneda sagt, die erste Aufmerksamkeit muss sich der zweiten Aufmerksamkeit bewusst werden, indem man sich daran erinnert - dann hast du Zugang zur Gesamtheit deines Seins und deiner Bewusstheit. Aber Sie würden diesen Versuch wahrscheinlich nicht überstehen.

Es ist wesentlich effektiver, alles Schritt für Schritt in einer Geschichte zu enthüllen. Das hat Castaneda getan, so wie es ihm offenbart wurde. Soweit ich sagen kann, hat es noch niemand "verstanden". Castaneda brauchte 30 Jahre und 11 Bücher, um über seine Reise durch diesen Lernprozess zu berichten. Er verstand es zunächst selbst nicht, nicht einmal in der Mitte und verstand möglicherweise bis zum Ende Teile davon falsch. In der Zwischenzeit verwirrte er seine Leser und wahrscheinlich auch sich selbst, mit seinem persönlichen Leben und seinen Aktivitäten. Doch alles findet sich in den Büchern. Es muss nur in einer kritischen literarischen Rezension herausdestilliert werden.

* * *

Ich hatte beinahe eine direkte Begegnung mit Castaneda. An einem kalten späten Abend in Philadelphia, im Jahr 1969 oder 1970, ging ich mit ein paar Freunden an einem Hörsaal meiner Universität vorbei. Jemand sagte: "Carlos Castaneda ist dort drin und hält einen Vortrag. Er muss aber fast fertig sein". Ich hatte eine vage Vorstellung, wer er war. Ich hatte einige Rezensionen seines ersten Buches gelesen und erinnerte mich, dass es etwas mit Peyote-Essen und dem Auffinden eines authentischen, lebenden mexikanischen Zauberers zu tun hatte. Berichten zufolge kleidete sich Castaneda wie ein Geschäftsmann in Anzug und Krawatte, wenn er Reden über Psychedelika und Spiritualität hielt, was merkwürdig war. Da es jedoch zu spät war, ging ich zurück in mein Zimmer um zu studieren.

Erst 1973, im Jahr nach meinem Abschluss, kam ich dazu, Castaneda zu Lesen. Ich begann mit *Eine andere Wirklichkeit*, seinem zweiten Buch und las 1975 das vierte Buch, den Ring der Kraft. Am Ende dieses Buches sagte Castaneda, dass er von einer 200 Meter hohen Klippe gesprungen wäre. Er berichtete, dass er dies 1973, am Ende seiner 13-jährigen Ausbildung bei einem Zauberer namens Don Juan in Mexiko getan hätte.

Mir schien, dass sich die Geschichte nur um halluzinogene Drogen drehte, ein anderes in einer langen Reihe von Büchern, die drogeninduzierte Weisheit priesen, die in dieser Zeit geschrieben wurden. Es gab keine Berichte darüber, was nach dem Sprung passiert war, aber offensichtlich lebte der Schriftsteller, um weitere Bücher zu schreiben.

Während der nächsten 25 Jahre folgte ich ihm, als er Buch um Buch veröffentlichte. Kritische Reaktionen auf Castaneda, den Mann und sein Werk, gab es überall; er wurde hoch gelobt und tief verurteilt. Manche sagten, seine Aufzeichnungen gehören zu den wichtigsten, die jemals in der Geschichte der Anthropologie veröffentlicht wurden, weil er Informationen über neolithische Überzeugungen einer schriftlosen Zivilisation direkt von einem Überlebenden dieser Ära erhielt. Andere hielten es für eine Ente, eine Fiktion und es gab keinen Zauberer namens Don Juan; Castaneda habe das alles erfunden. Es war nicht einmal gute Literatur, sagten manche; da sowohl Geschichte als auch Chronologie widersprüchlich waren. Es war jedenfalls ganz sicher keine Wissenschaft, unterstützt durch Feldnotizen und Querverweise. Viele dachten, dass die Universität von Kalifornien, Los Angeles (UCLA) einen Fehler gemacht hatte, ihm ein Doktorat zu geben.

Durch die Kontroverse eher angeregt, als irritiert,

beschloss ich, die kritischen Fragen und verwirrenden biografischen Anekdoten zu ignorieren und einfach die seltsame Eindringlichkeit von Castanedas Nacherzählungen seiner Abenteuer in einem Buch nach dem anderen, zu genießen. In den 1980er Jahren wartete ich gespannt auf jede neue Fortsetzung.

Es ging nicht nur um die Geschichten und Tricks der alten Schamanen oder die ständige Kontroverse über den Autor. Fakt oder Fiktion, ich hatte immer das Gefühl, dass sich eine Tür oder ein Fenster zu einer anderen Welt öffnete, das unerwartete, aufregende und auch beängstigende Dinge enthüllte, die eine seltsame Glaubwürdigkeit hatten und drohten, durch eine Luke einen Satz in unsere Welt zu machen. Zu meiner Enttäuschung wurden die Intervalle zwischen den Büchern länger. Während seine ersten fünf Bücher in weniger als zehn Jahren veröffentlicht wurden, dauerte es 20 Jahre, bis die nächsten sechs erschienen.

Die ersten vier Bücher Castanedas schilderten seine Abenteuer als Zauberlehrling, als er die Wüsten, Berge, Städte und Großstädte des zentralen und nördlichen Mexikos mit seinen Zauberlehrern durchwanderte. Seine nächsten vier Bücher beschäftigen sich mit seinem Kampf, das, was er gelernt hatte, zu verstehen und sich damit zu arrangieren, nachdem seine Lehrer fortgegangen waren. Dann erschien 1993 ein neues Castaneda-Buch auf der Tribüne, *Die Kunst des Träumens*. Es wies eigenartige und widersprüchliche Elemente auf, einschließlich einer Änderung des Tons, die darauf hinwiesen, dass möglicherweise ein Ghostwriter beteiligt war. (Wortspiel nicht beabsichtigt.) Die Abenteuer waren noch sonderbarer, mit ein paar unglaublichen Handlungsveränderungen.

Castaneda stellte plötzlich neue Charaktere vor. Sie

waren offenbar Zeitgenossen von der UCLA. Plötzlich materialisierten sich drei Frauen rückwirkend in der mexikanischen Wüste, die wichtige Rollen in der Geschichte spielten. Zwei von ihnen hatten, parallel zu Castanedas Arbeiten, ihre eigenen Bücher geschrieben. Ihre gleichnamigen Hauptcharaktere trafen Castaneda und interagierten mit ihm und seinen mittlerweile legendären Charakteren. Der Leser musste diese neuen Autoren neben Castaneda und der ursprünglichen Gruppe von Zauberern und Lehrlingen als gleichberechtigt akzeptieren.

1998 und 1999, fünf Jahre später, erschienen zwei abschließende Bücher. Eines davon war ein weiteres Werk neuer Art, das eine Sammlung von Übungen enthielt, Tensegrity, Bewegungen, die angeblich auch aus der alten mexikanischen Schamanen-Tradition stammten. Castaneda war nach Los Angeles in die "echte" Welt zurückgekehrt und war nicht länger ein Lehrling. Nun war er ein Anführer. Seine Anhänger, manchmal auch "Jünger" genannt, wurden von den drei Frauen angeführt, die so unerwartet in die Geschichte eingeführt worden waren.

Von Castaneda wurde berichtet, dass er alt und krank war, umgeben von den Intrigen unter seinen Anhängern, wer in war, wer draußen war, wer in der Hierarchie hoch stand und wer nur ein Trittbrettfahrer war. Es bestand unausgesprochene Sorge darüber, wer sein Unternehmen erben würde, das viele Millionen Bücher in mehreren Sprachen verkauft hatte (und dies weiterhin tut). Einige Monate später las ich, dass Carlos Castaneda im Verborgenen gestorben war, während die drei Frauen, seine neuen Co-Zauberinnen, auf mysteriöse Weise verschwanden.

Ein weiteres Buch wurde 1999 veröffentlicht, *Das Wirken der Unendlichkeit*, das letzte Buch, das er geschrieben hatte. Es las sich wie eine nostalgische und selbstgefällige Nacherzählung von Ereignissen aus Castanedas frühem Leben. Berichten zufolge wuchs er mit seinem Viehzüchter-Großvater irgendwo in Südamerika auf und erlebte eine abenteuerliche Kindheit, die selbst Max und Moritz vor Scham erröten ließe. Dieses Buch erweckte den Eindruck, dass es zumindest am Anfang mit einer Helferin, einer weiblichen Stimme, verfasst wurde, zumindest zu Beginn. Doch als die Geschichte an Dynamik gewann, übernahm wieder der alte Autor. Castaneda lieferte einige abschließende Fabeln, die die wichtigsten Herausforderungen in seinen fremdartigen, jedoch fesselnden Schriften zusammenfassten und verdichteten. Wie ist er auf diese epische Geschichte gekommen? Und was sollen wir damit anfangen?

In den letzten Kapiteln, die er jemals geschrieben hat, stellte Castaneda eine neue, dramatische und unglaubliche Figur seiner Philosophie vor. Die "Flieger" sind Kreaturen aus den unbekannten Tiefen des Universums, die unsichtbar mit uns auf der Erde leben. Es gibt Millionen von ihnen, sie gleichen riesigen, primitiven "Schlammschatten", die ständig um uns herumfliegen und hüpfen. Ihre dauernde, bösartige Präsenz terrorisiert uns. Wannimmer unser Bewusstsein versucht, sich auf eine höhere Ebene zu begeben, verhindern sie das und konsumieren unser neu entstehendes Bewusstsein, das ihre Nahrung ist. Die "Flieger" berauben uns unseres menschlichen Geburtsrechts der Magie. Sie reduzieren uns auf unseren kleinlichen, machtlosen und selbstsüchtigen Zustand.

Es ist eine unerwartete und schockierende Entwicklung, die in den letzten Kapiteln seines letzten Buches stattfindet. Aber eine lebhafte Beschreibung des "Flyers" erschien bereits im ersten Buch, jedoch ohne Einführung oder Erklärung. Sie 30 Jahre später, am Ende, wieder auferstehen zu lassen, diesmal mit vollständiger Einführung und Erklärung, war die unerwartete und provokante Verbindung von Castanedas Philosophie zu einem einheitlichen Ganzen.

Nach der Einführung des "Fliegers" hatte er noch eine Überraschung auf Lager. Castaneda schrieb über 30 Jahre zahlreiche Geschichten und Erinnerungen. Alle waren sorgfältig komponiert und gestaltet, um konkrete Punkte zu lehren. Nach 12 Büchern, die behaupteten, authentische Geschichten von erlebten Begebenheiten zu sein und am Ende seines Lebens, schloss Castaneda seine lange Schreibkarriere mit der Geschichte von Antoine ab.

Antoine war ein Waisenkind, das aufgrund des Rates eines Zauberers von Castanedas Großmutter adoptiert wurde. Kurz vor ihrem Tod übertrug sie ihm ihr gesamtes Vermögen. Er bezauberte die alte Dame mit Gedichten, Liedern und seiner überwältigenden Persönlichkeit. Als er zum letzten Mal von ihr und den enteigneten Verwandten fortging, widmete er ihr ein wunderschönes, originelles Gedicht mit großem Drama und romantischen Schnörkeln. Die Großmutter hörte zu, seufzte tief, bedankte sich ausgiebig bei ihm und sagte dann:

»Plagiiert, Antoine?«

»Natürlich, Mutter«, sagte er. »Natürlich.«

***

Was gibt uns Castaneda als Schriftsteller, als Denker und als Mensch? Dieses Buch wird hoffentlich die Neugier auf diese Frage wecken. Meine Analyse ist nicht biografisch. Ich habe nicht über Castanedas Leben recherchiert und ich habe versucht, mich auf nichts zu beziehen, das über die 12 Bücher hinausgeht, die er geschrieben hat.

New-Age-Suchende, Gelegenheitsleser und skeptische Kritiker lesen Teile seines Werkes, meist bis zum vierten oder fünften Buch und hören dann auf, entweder entrüstet oder verwirrt. Intensivere Anhänger haben die gesamten

Werke, 12 Bücher und mehr als eine Million Wörter bis zum Ende gelesen, als plötzlich alles aufhörte. Castaneda starb und sein engster Stab verschwand mit ihm. Viele hatten das Gefühl, dass er sie beinahe verächtlich verlassen hätte, ohne eine glaubhafte Erklärung abzugeben oder ihnen einen glaubwürdigen Weg zu zeigen, um weiterhin positiv über ihn zu denken. Könnte es wahr sein, dass Castaneda sich 30 Jahre lang absichtlich falsch dargestellt hat und so viele andere Menschen so lange in seine unwahre Erzählung hineingezogen hat? Und zu welchem Zweck?

An diesem Punkt mag es fair sein zu sagen, dass beim Namen Castaneda sowohl unter den Anhängern, als auch unter den Kritikern eine Art Erschöpfung ausgebrochen ist. Nur wenige Leser wollen sich momentan über ihn Gedanken machen. Viele würden ihn am liebsten erwürgen, so wie Dona Soledad es getan hat.

Ich vermute, es ist unmöglich, Castanedas Arbeit zu verstehen, indem man nur seine Biografie recherchiert, Daten überprüft und Leute interviewt, die ihn kannten oder ihm folgten. Doch einige von uns können sich einfach nicht von ihm abwenden. Egal, ob das, was er geschrieben hat Fiktion oder Autobiografie war, denn niemand vor ihm hat je die Welten erreicht, die er erforschte und hat so darüber berichtet, wie er es tat. Er hat ein Bewusstsein eines Teils unserer Vergangenheit geweckt, über das nicht oft nachgedacht wird. Sein Denken überlappt jedoch auch provokant moderne Konzepte der Physik und Kosmologie.

Das Lesen von Castaneda, tendiert dazu, zwei Reaktionen hervorzurufen: vollständige Akzeptanz, bis hin zur sektenartigen Verehrung, oder totalen Ablehnung. Doch es gibt auch eine dritte Möglichkeit.

Wir können ihn bei seinem literarischen Wort nehmen. Im Laufe seines 30-jährigen Abenteuers sagte er, er wäre daran gescheitert, seine Ausbildung zu beenden. Er war bestenfalls ein Zauberer, der das Abenteuer im Unbekannten liebte, als ein Seher, der die Freiheit suchte. Und die Erzählung über Antoine und deren Platzierung am Ende des letzten Buches und am Ende von Castanedas Leben deuten stark darauf hin, dass er uns sagen wollte, dass er sich selbst als Plagiator beurteilte. Wenn wir dies als sein Bekenntnis auf dem Totenbett betrachten und von dort ausgehen, können wir den Wert seiner Arbeit besser verstehen und herausfinden, wie und warum die Geschichten von Carlos Castaneda so passiert sind, wie sie passiert sind.

Plagiat bedeutet, eng ausgelegt, das Werk eines anderen Wort für Wort zu kopieren, und es sich selbst zuzuschreiben. Im weiteren Sinne betrachtet könnte es bedeuten, dass man sich die groben Züge und die Bedeutung der wahren oder fiktionalen Geschichte eines anderen aneignet und sich selbst in die Erzählung einfügt.

So gesehen, könnte Castanedas Werk von einem bisher unbekannten Manuskript stammen. Es könnte aus der mündlichen Wiedergabe einer Originalquelle stammen. Ob Manuskript oder mündliche Erzählung, es könnte das Produkt einer Überlieferung sein, die Generationen und Jahrhunderte zurückreicht.

Die Werke von Homer waren nicht original; sie wurden nicht von einem Mann namens Homer verfasst. Sie waren die letzten schriftlichen Versionen einer jahrhundertealten mündlichen Überlieferung – von Geschichten, die vor dem Alphabetismus erfunden wurden und über Hunderte von Jahren von Geschichtenerzähler zu Geschichtenerzähler weitergegeben wurden. Jede Generation von Geschichtenerzählern erlernte bestimmte Techniken der Erinnerung, die es ihnen ermöglichten, die Integrität der Werke zu bewahren und deren Essenz zu vermitteln; dass es einst eine Rasse großer Männer und Frauen gab, die heroische Abenteuer vollbrachten.

Auch bevor das Schreiben weithin verbreitet wurde, konnte Geschichte über Generationen hinweg bewahrt werden, ohne jemals niedergeschrieben zu werden. Als das Schreiben vermehrt in Gebrauch kam, verschwand diese Art von epischer Erinnerungsfähigkeit. Wir wissen nicht, was wirklich auf den Ebenen von Troja passiert ist, doch die Version, die 300 Jahre später niedergeschrieben wurde, stellt einen wichtigen Teil der westlichen Zivilisation dar. Geschichtenerzählen mag durchaus die höchste Form der Zauberei sein.

Betrachten Sie die jüngsten Arbeiten von Patrick O'Brian, der zahlreiche Tagebücher, Schiffsprotokolle und maritime Dokumente aus dem frühen 19. Jahrhundert gesammelt und studiert hat. Er schrieb eine Reihe von Romanen mit erfundenen Charakteren und imaginären Ereignissen, gemischt mit historischen Gestalten und geschichtlichen Begebenheiten. Das Ergebnis, die hochgelobte Serie von 20 "Aubrey-Maturin" Romanen, obwohl eindeutig Fiktion, drückt Wahrheit aus, die unmöglich mit sachgerechten historischen Kriterien und traditionellen literarischen Standards vermittelt werden kann.

Vielleicht wollte Castaneda so etwas tun. Er wollte das alte Wissen, das er kennenlernte, in den Kontext seiner eigenen modernen Geschichte übertragen. Die alte Tradition, auf die er sich bezieht, ist sogar noch mehr verloren gegangen, als die Geschichte von Troja für die griechischen Erzähler. Es ist unmöglich zu sagen, ob Helden wie Achilles und Hektor wirklich gelebt haben. Es ist ebenso unmöglich, die Geschichten zu bestätigen, die Castaneda über Don Juan und die großen Zauberer des alten Mexiko erzählt hat, oder die Geschichten seiner zeitgenössischen Kohorten. Ob sie wahr sein mögen oder auch nicht, kann ein großer Geschichtenerzähler wichtige historische und religiöse Wahrheiten durch das Erzählen von Geschichten vermitteln.

Es ist nicht einfach, die alte Religion, die Castaneda in seinen Büchern darstellt, klar zu definieren oder zu benennen. Zu Zeiten, als unsere gegenwärtigen Hauptreligionen begannen, hatte diese ihre Blütezeit längst überschritten. Aber Themen davon hallten immer noch an vielen Orten nach. Es ist diese Religion, deren letzte verbliebene Gläubige und Praktizierende vor mehreren Jahrhunderten von der Inquisition des Christentums aufgespürt und vernichtet wurden.

Der Glaube an solche Traditionen der Magie und Hexerei, obwohl heute fast überall offiziell verboten, besteht immer noch in fast allen nicht-städtischen Teilen der Welt. Letzte Nacht wachte mein sechs Wochen alter Sohn Alex in Indonesien, wo ich wohne, schreiend auf. Wir beruhigten ihn nach seinem Albtraum – und es dauerte mehrere Minuten, ihn dazu zu bringen, nicht mehr wütend mit den Armen herumzuschlagen. Später erklärte meine javanische Schwiegermutter ruhig, dass Alex von seinem Schutzgeist "gekniffen" worden war. Sie bestand darauf, dass wir ihn ehren, indem wir die Plazenta in der Nähe unseres Eingangstors vergraben. Sie erklärte, dass wenn Säuglinge über einen scheinbar privaten Witz zu lächeln oder zu lachen scheinen, oder wenn sie ständig über deinen Kopf hinweg schauen, anstatt dich anzusehen, sie dann diesen Geist sehen und auf seine Gebärden reagieren.

In unserer populären Kultur gibt es im Überfluss neue epische Legenden von Magie in Büchern und Filmen. Manche spielen in einer imaginären europäischen Stadt oder in Mittelerde; andere in einer weit entfernten Galaxie. Mit ihrem dimensionalen Spielraum, komplizierten Plots und vorbildlichen Helden und Schurken unterhalten uns diese modernen Epen, indem sie unseren Sinn für unser altes Erbe unsichtbarer Kräfte und zukünftiger Möglichkeiten kitzeln.

Castaneda behauptet, dass wir eine ausgesprochene Nostalgie für eine längst vergangene menschliche Ära besitzen - eine Ära der Magie und Zauberei, die viel länger dauerte, als unsere gegenwärtige rationalistische Periode. Die Menschheit mag seit mehr als einer Million Jahren auf der Erde gelebt haben; unsere gegenwärtigen Religionen tauchten jedoch erst vor zwei- bis fünftausend Jahren auf. Das Zeitalter der Vernunft begann erst vor 200 Jahren. Die Vernunft hat zwar den alten Glauben verleugnet und begraben, doch ist er ein großer Teil unseres Erbes. Unser rationales Bewusstsein ist nur die Spitze unseres Eisbergs. Wir sehnen uns nach diesem Rest unseres Selbst und nach dieser verlorenen Zeit. Und wir haben Dinge dort zurücklassen müssen, die es wert sind, neu entdeckt zu werden.

Die meisten modernen Mythen, die unsere Buchläden und Kinos beherrschen, geben sich nicht die Mühe, zu erklären, wie ihre Magie möglich ist. Sie kümmern sich nicht um Metaphysik; sie benutzen einfach magische Wörter oder Zauberstäbe. Castaneda hat schwer daran gearbeitet, zu erklären, wie und warum Don Juans Magie funktionierte. Er beschrieb im kleinsten Detail ein komplettes Universum, in dem Magie möglich ist. Er erzählte uns, wie es gewesen ist, wie es sein könnte und forderte uns heraus, es zu beweisen oder zu widerlegen.

3

KRAFTPFLANZEN

‚Als ich im Sommer 1960 Anthropologiestudent an der UCLA war, unternahm ich mehrere Trips in den Südwesten, um Informationen über Heilpflanzen zu sammeln, die von den Indianern des Gebietes verwendet wurden. Die Ereignisse, die ich hier beschreibe, begannen während einer meiner Reisen.'

DIESE EINPRÄGSAME ERÖFFNUNG seines ersten Buchs, *Die Lehren des Don Juan: Ein Yaqui-Weg des Wissens*, veröffentlicht 1968, beschreibt die Anfänge von Castanedas bemerkenswerter 38-jähriger Reise, die schließlich zu internationalem Ruhm ebenso, wie zu Infamie führte, zusammen mit weiteren zehn sehr beliebten, wie kontroversen Büchern.

Für viele Amerikaner war 1968 das ultimative Jahr der sechziger Jahre. Viele turbulente soziale Bewegungen dieses Jahrzehnts schienen in diesem Jahr ihren Höhepunkt zu erreichen: Präsident Johnson zog sich aus der Politik zurück; Bürgerrechtskämpfer Martin Luther King und Senator Robert Kennedy wurden ermordet; Richard Nixon wurde zum Präsidenten gewählt. Es war das schlimmste Jahr des Vietnamkrieges, in dem jeden Monat durchschnittlich über 1400 Amerikanern starben. Hippies amüsierten sich und protestierten. Am Heiligen Abend flogen Männer zum ersten Mal zum Mond und planten im nächsten Sommer auf dem Mond zu landen.

In diesem turbulenten Jahr erschien Carlos Castaneda unerwartet auf der Bildfläche. *Die Lehren des Don Juan* wurde veröffentlicht und erzählten die Geschichte eines UCLA-Absolventen, der eine fünfjährige Lehre bei einem indianischen Zauberer in Mexiko absolviert hatte. Die Idee, dass dies zur gleichen Zeit passierte, wie Menschen erstmals zum Mond flogen, explodierte in den Medien. Auszüge aus Rezensionen und Umschlagtexte von späteren Taschenbüchern beschreiben es als "eine Reise in das Herz der Magie mit Carlos Castaneda". Ein Kommentar der *New York Times* sagte: "Man kann die Bedeutung dessen, was Castaneda getan hat, nicht übertreiben."

In den Danksagungen des Buches wurden sechs Professoren der UCLA genannt und ihnen wurde für ihre Inspiration, Unterstützung und Kritik gedankt. Ein anderer Professor der UCLA schrieb das Vorwort und lobte das Buch, weil es ein zentrales Thema der Anthropologie ansprach: den Eintritt in andere Wahrnehmungswelten, um zu verstehen, "dass auch unsere eigene Welt nur ein kulturelles Konstrukt ist".

* * * * *

Castaneda stellte seinen Lesern sofort eine der unvergesslichsten Figuren aus etwas vor, das man als amerikanische "New Age" Literatur bezeichnen könnte: den genialen Zauberer Juan Matus, schlicht Don Juan genannt. Castaneda beschrieb das Treffen mit Don Juan Matus auf einem

Busbahnhof in New Mexico 1960, nachdem er von einem gemeinsamen Bekannten auf ihn hingewiesen worden war.

Juan Matus spielte die Bedeutung seines persönlichen Hintergrunds und seiner biografischen Details immer herunter, aber wir erfuhren, dass er 1891 im Südwesten der USA geboren war. Beide Eltern waren Yaqui Indianer. Die Yaquis, ursprünglich aus Sonora, Mexiko stammend, wurden im 19. Jahrhundert während des Widerstands gegen die spanische Herrschaft und der Kampagnen für die mexikanische nationale Vereinigung, fast bis zur Vernichtung verfolgt und unterdrückt. Diese Kämpfe zwangen viele Yaquis, zwischen Nordmexiko und Arizona hin und her zu wandern. Matus sagt, dass die Yaquis sowohl von der amerikanischen und mexikanischen Regierung, als auch von anderen indigenen Gruppen und "Yoris" (Mischlingen) im Allgemeinen grob behandelt wurden.

Laut Castaneda wurden die Yaquis, die bereits an Zahl und politischer Macht verloren hatten, im frühen 20. Jahrhundert von der mexikanischen Regierung erneut aus ihren Stammländern vertrieben und gezwungen, nach Südmexiko auszuwandern. Juan Matus war an diesem Exodus beteiligt und verlor als kleines Kind beide Eltern, die während der erzwungenen Migration starben. Er arbeitete als Plantagenarbeiter in Zentralmexiko, bis sich sein Weg mit Julian Osorio kreuzte, einem früheren Schauspieler, der zum Zauberer geworden war und der Matus in seine Zaubergruppe hineinzog.

Da Matus Yaqui war und Castaneda vor allem in deren Heimat, der Sonora Wüste, mit ihm interagierte, versuchte er zu verstehen, wie die Yaqui-Kultur und die Geschichte Don Juans Lehren geprägt hatten und gab sogar seinem ersten Buchden Untertitel *Ein Yaqui Weg des Wissens*. Matus Praktiken und Lehren stammten jedoch nicht von seinem

Yaqui-Erbe, sondern aus Zentralmexiko. Viele der Hauptakteure in seinem Leben und seiner Geschichten waren Yaquis, aber viele stammten auch von anderen mexikanischen und hispanischen Gruppen, und einige waren Europäer. Castaneda selbst war amerikanischer Staatsbürger, ursprünglich aus Peru oder Argentinien.

Zu der Zeit, als Matus fast 50 Jahre später mit Castaneda die Wege kreuzte, wurde er 70 Jahre alt. Sein Enkel Lucio, der, wie die meisten Yaquis, Hexerei und Peyote ablehnte, erklärte, dass sein Großvater "mit einer mächtigen Gruppe von Zauberern unterwegs" war, sich dann aber zurückgezogen hatte und besessen von Peyote und esoterischem Wissen wurde. Dennoch war Lucio stolz darauf, dass sein Großvater im fortgeschrittenen Alter immer noch so agil und stark wie ein junger Mann war, und man ihn "unmöglich anschleichen" konnte.

* * * * *

Castaneda erzählte die Geschichte seines ersten Treffens mit Don Juan am Busbahnhof in späteren Büchern mehrmals. Jedes Mal fügte er Details und Tiefe hinzu. In seinem ersten Buch beschrieb er ihr Treffen in nur drei Absätzen. Castaneda sagte, dass er sinnlos vor sich hin redete und sich als Forscher ausgab, der über die lokale Flora und Fauna und die Kultur der amerikanischen Ureinwohner in der Gegend Bescheid wusste. Matus saß still da und fixierte ihn mit seinem unvergesslichen Blick, offensichtlich unbeeindruckt. Dann stand der alte Mann plötzlich auf und stieg in einen Bus, bot jedoch ein weiteres Treffen an.

In seinem Buch *Eine andere Wirklichkeit* aus dem Jahr 1971 widmete er der gleichen Geschichte schon drei Seiten. Er sprach darüber, wie er und sein Führer Bill mehrere Male nach einem Mann Ausschau gehalten hatten, den Bill als einen exzentrischen Händler von Heilkräutern beschrieb, bevor sie ihn unbeabsichtigt am Busbahnhof trafen. Diesmal erinnerte sich Castaneda, dass Matus Augen "mit einem eigenen Licht leuchteten" und dass er seinem Blick ausweichen musste.

In seinem letzten Buch *Das Wirken der Unendlichkeit* widmete er, 38 Jahre nach ihrem ersten Treffen, gleich zwei Kapitel der Vertiefung des Themas. Er beschrieb seine und Bills ereignisreiche Suche nach Juan Matus, wie Bill auf der Fahrt durch die Wüste von seinem lebenslangen Interesse und seiner tiefen Verbindung zu den einheimischen Gruppen der Gegend sprach. Castaneda erkannte, dass Bill im Sterben lag und letzte Besuche machte, um sich von alten Freunden zu verabschieden. Castaneda erinnerte sich daran, Don Juan abrupt getroffen zu haben und dass er geredet und gehandelt hätte, als wäre er nicht er selbst. Er sagte, dass Don Juan ihn irgendwie mit seinen Augen gelähmt hat, was dazu führte, dass er aufhörte zu reden und sogar zu denken. Ein Bus tauchte scheinbar aus dem Nirgendwo auf und der alte Mann überwand die 50 Meter zur Bustür auf geheimnisvolle Weise mit ein paar mühelosen Sprüngen.

In dieser letzten Nacherzählung ging Castaneda auf Bills Drängen nach Yuma, Arizona, wo er Informationen erhielt, wo er den alten Mann wiederfinden könne. Er widmete ein weiteres volles Kapitel der langen Geschichte seiner nächsten Reise nach Mexiko, als er zwei lokale Hochstapler, Jorge Campos und Lucas Coronado, engagierte, die ihm helfen mussten, den alten Zauberer zu finden. Diese Bemühungen zogen sich über fast ein ganzes Jahr, mehrere Reisen nach Mexiko und kleinere und größere Bestechungsgelder, alles endete jedoch in einer Sackgasse. Zu diesem Zeitpunkt fanden sie, wie per Zufall, Matus Sohn und dann Matus selbst.

Nachdem Castaneda schließlich Juan Matus gefunden hatte, pendelte er von 1961 bis 1965 fünf Jahre lang zwischen Los Angeles und Mexiko hin und her. Er widmete sich dem Schreiben von Notizen und lernte alles, was er konnte, in der Hoffnung, sowohl literarischen Ruhm als auch seinen Doktortitel der UCLA zu erlangen. Seine Beziehung mit dem alten Mann änderte sich allmählich von Schüler in Richtung Lehrling. Anstatt einfach über den alten Zauberer und sein Wissen über Pflanzen zu berichten, schloss er sich Don Juan und seinen Kohorten an, während sie Kraftpflanzen aßen oder rauchten. Dies setzte sich bis 1965 fort, als Castaneda von seinen Erfahrungen mit Don Juans Kraftpflanzen so ängstlich und verwirrt wurde, dass er sich von der Lehre zurückzog. Er kehrte nach Los Angeles zurück, setzte seine Studien fort und schrieb drei Jahre lang an seinem ersten Buch, das sich aus seinen Notizen und Erinnerungen zusammensetzte.

*****

Die *Lehren des Don Juan* beschreiben Castanedas Erfahrungen mit drei Arten von natürlichen halluzinogenen Pflanzen aus den Wüsten Mexikos: Peyote, Datura und Pilze. Don Juan bezeichnete sie als "Kraftpflanzen". Die Ureinwohner Amerikas kannten diese Pflanzen seit Jahrtausenden und nutzten sie für medizinische und religiöse Zwecke. Aufwendige Rituale für Sammlung, Kultivierung und Vorbereitung waren entwickelt und weitergegeben worden.

Das Pflanzen, Ernten, Zubereiten und Verzehren jeder Pflanze umfasste zahlreiche detaillierte Verfahren und sorgfältige Planung über mehrere Jahre hinweg. Viele Leser in den 1960er Jahren und später waren begeistert zu erfahren, dass diese "Kraftpflanzen" als Teil einer alten, indigenen amerikanischen Kultur kultiviert und genutzt wurden. Laut

Castaneda gab es immer noch Zauberer, die in den Wüsten des Südwestens der USA und Mexikos ein solches Leben führten.

Peyote-Sammeln mit Matus beinhaltete mehrtägige Wanderungen zu abgelegenen Orten in den mexikanischen Wüsten, um ungestörte Pflanzen zu finden. Die obersten Teile der Pflanze wurden auf rituelle Weise mit einem speziellen Messer geerntet. Sich um den Schaden zu kümmern, den er der Pflanze zugefügt hatte, war wichtig. Castaneda lernte, dass er, um die Vorteile der Pflanze zu maximieren, und um seine eigene Sicherheit als Teilnehmer zu gewährleisten, die Pflanze mit äußerstem Respekt behandeln musste.

Peyote zu verwenden bedeutete, das Pflanzenmaterial zu essen, entweder in Einzelsitzungen unter Aufsicht von Matus oder während Nachtwachen in einer Gruppe mit anderen Teilnehmern. Castaneda fuhr stundenlang auf Pickups über holprige Straßen in abgelegene Bergregionen und nahm an Peyote-Zeremonien, sogenannten Mitoten, teil, in denen Gruppen von Mexikanern im Kreis skandierten.

In einer der Mitoten wurde ein lokaler Hund in das Ritual verwickelt. Ein beflügelter Castaneda sah den Hund als schillerndes, durchsichtiges Wesen. Er rannte und spielte mit ihm. Er konnte die Gedanken des Wesens lesen und wusste, dass auch die wundersame Kreatur die Seinen lesen könne. Am nächsten Tag erzählte ihm der Besitzer, dass Castaneda mit seinem Hund gerungen habe und dass das Tier ihn angepinkelt hätte.

In den 1960er Jahren betrachteten sich die meisten Mexikaner als kultiviert und modern und ärgerten sich, von Besuchern aus dem Norden als primitiv angesehen zu werden. Die meisten von ihnen hatten sich von den alten

Traditionen abgewendet, aus denen die Kultur des Peyote entsprungen war. Trotzdem versuchte Matus, seinen jugendlichen Teenager-Enkel Lucio zu überzeugen, sein Leben in die Hand zu nehmen, indem er unter der Anleitung seines Großvaters Peyote einnahm. Anfangs war Lucio angewidert und peinlich berührt, gab aber schließlich nach und bot an, es zu tun, falls der amerikanische Besucher (Castaneda) ihm ein Motorrad kaufe. Matus und Castaneda kamen mit Peyote, aber eine Gruppe von Freunden kam auch mit Tequila und einem Plattenspieler. Die Moderne setzte sich durch: Sie hörten laute Musik und tranken stattdessen Tequila.

Das Ergebnis eines Peyote-Essensrituals war die Begegnung mit einer anthropomorphen Figur namens Mescalito. Es war wichtig, sich Mescalito mit der richtigen Einstellung zu nähern. Wenn Mescalito einen Bittsteller akzeptierte, würde er ihn die richtige Lebensweise lehren. Er "zeigt Dinge und sagt, was was ist". Statt bedrohlich und schrecklich ging Mescalito eher spielerisch mit Castaneda um. Matus sagte, er habe Mescalito noch nie zuvor mit jemandem spielen gesehen und betrachtete dies als einen Befehl an ihn selbst, Castaneda als seinen Lehrling anzunehmen und ihm alles beizubringen, was er wusste, und sein Wissen an ihn weiterzugeben.

* * * * *

Die zweite "Kraftpflanze", Datura, auch Teufelskraut genannt, musste persönlich gepflanzt und kultiviert werden. Im Gegensatz zu Peyote, das ein Lehrer ist, war das Teufelskraut eine reine Quelle der Macht. Wenn es nicht sorgfältig und richtig angewendet wird, kann der Benutzer dadurch verwirrt oder verletzt werden.

Castaneda musste seinen eigenen Daturabusch pflanzen und über mehrere Jahre an einem geheimen Ort pflegen.

Nach der Reifung wurde er ausgegraben und Stamm, Wurzeln, Blätter, Blüten und Samen wurden getrennt. Alle diese vorbereiteten Zutaten wurden auf rituelle Weise ein weiteres Jahr lang gelagert, bevor sie verwendet werden konnten.

Die Wurzeln enthielten den Kraftantrieb der Pflanze. Ein Extrakt aus der Wurzel musste mehrmals getrunken werden, bis die Kraft gezähmt war. Die Macht zu zähmen qualifizierte einen Mann, es anderen verordnen zu können, um ihnen einen vorübergehenden Schub an Männlichkeit für ihre persönlichen Aufgaben oder für ihr Leben und ihre Beziehungen zu geben. Der Stamm und die Blätter konnten verschrieben werden, um Krankheiten zu heilen; die Blumen könnten verwendet werden, um Leute zu kontrollieren oder zu beeinflussen.

Die weitere Vorbereitung des Teufelskrauts beinhaltete, das Pflanzenmaterial mit Insekten, Käfern und ein paar Tropfen Blut zu vermischen und diese Mischung zu einem Extrakt einzukochen. Datura hatte einige seltsame Anwendungen, wie etwa, sie zu einer Paste zu verarbeiten, und auf die Augen von Eidechsen zu reiben, sodass diese als Spione und Boten agieren konnten.

Diese Pflanze mag Männer und Frauen mit starkem, gewalttätigen Charakter und verleiht ihnen noch mehr Kraft. Mit der Zeit wurde Matus besorgt, dass Castaneda das Teufelskraut zu sehr genoss. Matus selbst hatte lange vorher entschieden, dass er seine Wirkung nicht mochte.

„Es wird nicht mehr gebraucht. Zu anderen Zeiten, wie die, von denen mein Wohltäter mir erzählte, gab es einen Grund nach Macht zu suchen. Menschen vollbrachten phänomenale Taten, wurden für ihre Stärke bewundert und für ihr Wissen ebenso gefürchtet, wie respektiert. Mein Wohltäter erzählte mir Geschichten von absolut phänomenalen Taten, die vor langer,

langer Zeit ausgeführt wurden. Aber jetzt suchen wir, die Indianer, nicht mehr nach Macht. Heutzutage benutzen die Indianer das Kraut, um sich einzureiben, um ihre Furunkel zu kurieren ... Es war anders, als es Leute auf der Welt gab, Leute, die jemanden kannten, der sich in einen Berglöwen verwandeln konnten oder in einen Vogel oder die Tatsache, dass jemand einfach fliegen konnte, zu akzeptieren. Also benutze ich das Teufelskraut nicht mehr. Wozu auch? Um den Indianern Angst einzujagen?"

* * * * *

Matus lehrte Castaneda über die dritte „Kraftpflanze", einen Pilz, aus dem eine Rauchmischung hergestellt wurde, die er den "Rauch der Wahrsager"nannte. Laut Matus ist der Rauch der vollständigste und phänomenalste Helfer, den ein Mensch haben kann, doch auch der gefährlichste. Der Bewusstseinszustand des Benutzers vor, während und nach der Benutzung des Rauches sind von entscheidender Bedeutung; es dauert ein ganzes Leben, um ihn zu meistern.

Die Vorbereitung einer kleinen Menge der Mischung als Anfänger umfasste das Ernten einer winzigen Pilzart und die Aufbewahrung in einer Kalebasse ein Jahr lang. Auch andere Zutaten werden für den gleichen Zeitraum getrocknet, dann zusammen mit den Pilzen zermahlen und in einer Pfeife geraucht, die seit Generationen von Schamane zu Schamane weitergegeben wurde. Präzise Rituale sind für den Rauch nicht so entscheidend; der Geisteszustand und die Absicht des Benutzers waren von größter Bedeutung.

„Es gibt dir die Freiheit, alles zu sehen, was du sehen willst. Eigentlich ist es ein unvergleichlicher Verbündeter. Doch wer immer ihn sucht, muss eine Absicht und einen Willen haben, die über jeden Zweifel erhaben sind. Er braucht das, weil er seine Rückkehr beabsichtigen muss, oder der Rauch lässt ihn nicht zurückkehren. Zweitens muss er beabsichtigen und wollen, sich an alles zu erinnern, was der Rauch ihm erlaubt hat, zu sehen,

sonst wird es immer nur ein Nebelfetzen in seinen Gedanken sein."

* * * * *

Eine wachsende Flut von beängstigenden psychedelischen Erfahrungen hat Castaneda stark strapaziert. In einer der Sitzungen mit dem Rauch verlor er das Gefühl für seinen physischen Körper und erlebte, wie er durch Wände und Möbel durchgehen konnte. Am nächsten Tag, nachdem er nüchtern war und ausgeschlafen hatte, war er verwirrt und fragte Matus nach der Realität seiner Erfahrung. Er wollte, dass Don Juan ihm versicherte, dass seine rauchbedingten Erfahrungen nur Halluzinationen waren, die vielleicht für Lehrzwecke gedacht waren, aber nicht wirklich und dauerhaft.

Matus beharrte darauf, dass alles real sei und bestand auf der Ernsthaftigkeit der Nutzung von "Kraftpflanzen", die keine Halluzinationen verursachten, sondern nur enthüllten, was da war. Die Suche nach Kraft mithilfe von "Kraftpflanzen" zwang den Benutzer, sein Leben zu ändern. Ohne Matus fachkundige Aufsicht und seinen Schutz hätte Castaneda mehrere seiner Erfahrungen nicht überlebt.

Während Castanedas letzter Peyote-Sitzung erschien Mescalito abermals und bot an, jede wichtige Frage von Castaneda, bezüglich seines Lebens, zu beantworten. Castaneda fragte Mescalito, was in seinem Leben falsch lief.

Das nächste, woran er sich erinnern konnte, war, dass er sich allein, von der Gruppe getrennt, in der Wüste befand. Es folgte eine Nacht des Terrors, in der Castaneda hinter einem Felsen kauerte und sich vor einem monströsen Verfolger versteckte:

„Die Geräusche verwandelten sich zu gigantischen Schritten. Etwas Riesiges atmete und bewegte sich um mich herum. Ich war überzeugt, dass es mich jagte. Ich lief und versteckte mich unter

einem Felsblock und versuchte von dort aus festzustellen, was mir folgte. Einen Moment lang kroch ich aus meinem Versteck, um nachzusehen, und wer immer mein Verfolger war, traf auf mich. Es war wie Seetang. Es warf sich auf mich. Ich dachte, dass mich sein Gewicht zerquetschen würde, doch ich befand mich in einer Art Rohr oder einem Hohlraum ... Riesige Tropfen Flüssigkeit fielen aus dem Seetang. Ich „wusste", dass es eine verdauungsfördernde Säure absonderte, um mich aufzulösen."

Diese erste Vision des „Fliegers" wurde an dieser Stelle als Antwort auf Castanedas Frage platziert, warum sein Leben „nicht in Ordnung" wäre. Es blieb ungeklärt und wurde nicht geklärt, bis der „Flieger" 30 Jahre später, am Ende von Castanedas letztem Buch, wieder auftauchte.

Castaneda zog sich 1965 von seiner Lehre bei Matus zurück, bevor er seine Ausbildung abschloss. Nach all seinen Erfahrungen fürchtete er, dass er unwiderruflich seinen Verstand und seine Fähigkeit, in der normalen Welt zu funktionieren, verloren hatte.

Er kehrte an die UCLA zurück und brauchte drei Jahre, um sich zu erholen und sein Buch zu schreiben, einschließlich einer "strukturellen Analyse" seiner Erfahrungen, die im qualvollen akademischen Jargon abgefasst waren. Später würde er sich erinnern: „Ich hatte begonnen, die Gewissheit zu verlieren, die wir alle haben, nämlich, dass die Realität des täglichen Lebens etwas Selbstverständliches ist."

* * * * *

Im Gesamtschema von Castanedas Schriften, haben seine ersten Erfahrungen mit "Kraftpflanzen" wenig Bedeutung. Als typisches Mitglied der 1960er Jahre bemühte sich Castaneda jedoch ursprünglich, sich auf den psychedelischen Aspekt seiner Erzählung zu konzentrieren. Er füllte seine ersten beiden Bücher hauptsächlich mit diesen

Berichten und es waren genau diese Geschichten, die ihm Reichtum und breit gestreuten Ruhm einbrachten.

Dieser anfängliche Ruhm stellte Castanedas Arbeit fälschlicherweise in die Tradition der New-Age-Psychedelisten, die endlos über mächtige Pflanzen, Kräuter und Drogen berichteten, die ihren Geist für wundersame neue Wirklichkeiten und östliche religiöse Wahrheiten öffnen.

Am Ende des zweiten Buches erkannte Castaneda, dass die "Kraftpflanzen" nicht so wichtig für Don Juan waren. Er benutzte sie nur als kurzfristiges Werkzeug, um Lehrlinge aus ihrer Lethargie herauszuholen. Sie führten Castaneda nicht zu New-Age-Visionen von Erdbeerfeldern mit Regenbögen und weißen Kaninchen, sondern in eine dunklere Welt mit einem beängstigenden uralten Gefühl. Furchtbare Mächte befanden sich dort, die alle, außer die nüchternsten und verantwortungsvollsten Besucher, belauerten und beherrschten.

4

UNIVERSALE KRAFT

Was hatten die Kraftpflanzen an sich, was sie so effektiv machte, dass sie Castanedas Bewusstsein öffneten und seine Schutzmechanismen zusammenbrechen ließen? Gemäß Matus hat jedes empfindende Wesen auf unserer Welt, einschließlich der Pflanzen, einen unsichtbaren Kokon aus Energie, der mit der Energie des Universums interagiert.

Generell sind die Kokons von Lebewesen im Verhältnis ähnlich ihren physischen Körpern. Der Kokon eines großen Baumes ist etwas größer als der physische Baum. Der Kokon eines Mannes oder einer Frau hat die Größe der Person mit ausgestreckten Armen und Beinen. Der Kokon der meisten kleinen Pflanzen ist ähnlich groß, wie die physische Pflanze.

Die Kokons der "Kraftpflanzen" sind ungewöhnlich. Obwohl sie physisch winzige Pflanzen sein können, haben sie Kokons, die fast so groß sind, wie der Körper eines Menschen und dreimal so breit. Die Kokons der "Kraftpflanzen" haben viele Gemeinsamkeiten mit Menschen, jedoch mit einer größeren Bandbreite von energetischen Verbindungen zum Universum. "Kraftpflanzen" haben auch Eigenschaften, die ihnen die besondere Fähigkeit verleihen, die Wahrnehmungsbarriere zu durchbrechen.

Um zu verstehen, was dies bedeutet, und um Castanedas weitere Reise in seine post-psychedelische Ausbildung zu verfolgen, müssen wir einen Sprung nach vorne machen und die grundlegenden Elemente und die Terminologie der Weltanschauung von Don Juan Matus erkunden. Die Konzepte, die Castanedas Lernen vorantreiben, werden alle in seinen späteren Büchern entwickelt, aber wir brauchen sie, um die in den frühen Büchern beschriebenen Ereignisse zu verstehen.

Wenn wir versuchen, das Leben auf der Erde und das menschliche Bewusstsein von einem rationalen oder wissenschaftlichen Standpunkt aus zu erklären, stellen wir uns normalerweise vor, dass es sich von einem primitiven Zustand zu einem komplexeren Zustand entwickelt hat. Wir beginnen damit, zwei getrennte Elemente vorauszusetzen: Materie und Energie. Wir stellen uns vor, dass Materie und Energie über Äonen hinweg interagiert und sich miteinander verbunden haben, bis eine kritische Masse erreicht war. Dann erglomm eine Art zufälliger Funke, der Leben aus dem Ursumpf hervorbrachte. Nicht-intelligentes Leben entwickelte und entfaltete sich über weitere Äonen, bis eine weitere kritische Masse erreicht war und einen anderen zufälligen Funken von Bewusstsein und Intelligenz, wie aus dem Nichts, hervorbrachte.

Castanedas Ansicht ist, dass Leben und Bewusstsein ewig und miteinander verbunden, bereits vorhanden und spezifisch sind. Auf seiner grundlegendsten Ebene und seit Ewigkeiten besteht das Universum aus Strängen leuchtender Energie, die lebendig sind und Bewusstsein haben. Bewusstes Leben entwickelt sich nicht aus dem Nichts. Es existiert überall und manifestiert sich immer wieder in einer Vielzahl von verschiedenen Formen.

Es ist fast unmöglich, diese Stränge bewusster Energie zu beschreiben, weil wir aus ihnen gemacht sind. Indem wir unsere eingeschränkte Vorstellung auf sie projizieren, können wir sie als Filamente oder Emanationen bezeichnen. Wir können nicht sagen, ob sie groß oder klein sind. Jedes einzelne erstreckt sich endlos in unendlicher Länge und Ewigkeit in sich selbst. Milliarden von ihnen können unser Sein durchfließen.

Diese Energie ist sich ihrer selbst gewahr und bewusst, sie brodelt, lebt und bewegt sich durch den Impuls und die Absicht des Universums. Diese Stränge können als die Kommandos des Universums oder als seine Absicht bezeichnet werden. Es sind unendliche Stränge unbeschreiblichen energetischen Bewusstseins.

„Als ich auf die wundersame Ansicht starrte, begannen Lichtfäden von überall auf dieser Prärie auszustrahlen. Zuerst sah es aus wie die Explosion einer unendlichen Anzahl kurzer Fasern, dann wurden die Fasern zu langen, fadenartigen Strängen von Leuchtkraft, die zu Strahlen von vibrierendem Licht gebündelt wurden, das in die Unendlichkeit reichte. Ich hatte wirklich keine Möglichkeit, etwas von dem, was ich sah, zu verstehen oder es zu beschreiben, außer als Fäden von vibrierendem Licht. Die Filamente waren nicht vermischt oder verschlungen. Obwohl sie ständig in alle Richtungen sprangen und weiter sprangen, war jedes für sich, und doch waren alle untrennbar miteinander verbunden."

Diese grundlegenden Elemente des Universums sind unendlich. Jedes ist individuell und unabhängig und doch sind sie gebündelt, um Ströme und Strömungen zu erzeugen. Zusammen bildet diese unendliche Anzahl unendlicher Stränge ein riesiges Meer von Bewusstsein, mit winzigen Sprühnebeln, starken Strömungen und unbekannten Tiefen.

Leben und Bewusstsein entstehen nicht aus einer Masse von ursprünglich inerter Materie und unpersönlicher Energie, die zufällig kombiniert wird und sich dann zufällig entwickeln. Das Universum besitzt bewusste Energie und eine unendliche Anzahl von Formen oder Archetypen für jede Art von Lebewesen. Es besetzt oder stempelt uns irgendwie in die menschliche Form. Unsere Form ist also wie ein Gefäß, das mit den Fäden der universalen bewussten Kraft interagiert, um einen magischen Akt zu vollbringen: die Wahrnehmung.

Wir materialisieren uns und erscheinen als winzige Bläschen, die im unermesslichen Ozean eines unbeschreiblichen Bewusstseins schweben, das weit über unser Verständnis hinausgeht. Unsere Existenz ist ein winzig kleiner Teil eines Prozesses, in dem sich dieser Ozean des Bewusstseins selbst organisiert und erkennt. Unsere Lebensform und unser Bewusstsein sind nicht die Krone der Schöpfung. Es ist nur ein Aspekt eines unermesslichen universalen Bewusstseins, das seine eigene Absicht besitzt, ein wirbelnder Ozean, der unmöglich zu begreifen oder zu verstehen ist.

Das Universum ist grundsätzlich von räuberischer Natur. Im Universum gibt es eine Vielzahl von Wesenheiten, die sich gegenseitig verzehren und ihr gegenseitiges Bewusstsein suchen. Wir sind großen Energieströmen ausgeliefert, die Bewusstsein haben, das sich in vielen Formen manifestiert. Lebensformen werden ständig geboren und sterben ständig. Lebewesen erhalten Bewusstsein und der Sinn des Lebens besteht darin, dieses Bewusstsein zu bereichern und es dann in einer verbesserten Form an die Quelle zurückzugeben.

Das Universum ist räuberisch, weil die Interaktion zwischen Leben und Tod die notwendige Ursache für ein gesteigertes Bewusstsein ist. Sobald ein fühlendes Wesen geboren wird, beginnt es seinen Tanz mit dem Tod. Die ständige Gegenwart des Todes und das Bewusstsein des Todes bewirken die Steigerung des Bewusstseins des Individuums und des Universums.

Unsere Position als winzige Außenposten eines begrenzten Bewusstseins in diesem riesigen Unbekannten ist heikel. Die einzige mögliche Kontrolle, die wir haben, ist die Fähigkeit, die Dinge in unserem eigenen kleinen Energiefeld zu kennen. Unser bewusstes Wesen besteht aus den Dingen, die uns als bekannt gegeben wurden; wir sind wie winzige Inseln, die in einem grenzenlosen Raum unbekannter Kräfte schweben. Wir bauen unsere Insel und pflegen sie, indem wir lernen, ausgewählte Gegenstände wahrzunehmen. Um zu überleben, müssen wir unsere Insel schützen, indem wir unser eigenes Bewusstsein kontrollieren, unsere Wahrnehmung der Dinge, die wir kennen, nähren und das Unbekannte ausgrenzen, das uns sonst verschlingen würde.

Im Universum des energetischen Bewusstseins existieren viele Arten von individuellen, fühlenden Wesen, einschließlich organischer Wesen, sowie anorganischer Wesenheiten, die zwar Bewusstsein, aber keine Körper besitzen. Es gibt Hierarchien des Bewusstseins. Wir sind uns vieler Wesen bewusst, die wenig oder kein Bewusstsein darüber haben, dass wir existieren und sie wahrnehmen, wie beispielsweise viele Insekten und mikroskopische Kreaturen. Andere Wesensarten sind sich unserer bewusst, während wir uns ihrer nicht bewusst sind, auch wenn wir den gleichen Raum teilen.

* * * * *

Jedes individuelle fühlende Wesen, ob organisch oder nicht, hat einen Kokon aus Energie. Ein einzelner Mensch ist ein kugelförmiger Kokon in der Größe des menschlichen Körpers mit ausgestreckten Armen und Beinen.

Universale Energiefäden kommen aus der Unendlichkeit, passieren die Kokonhaut, laufen durch das Innere des Kokons und kommen auf der anderen Seite wieder heraus, dringen weiter ins Universum vor, um wieder in die Unendlichkeit zu gelangen. Der Kokon definiert und umschließt Filamente, die sich selbst durchdringen und sich dann in unzähligen Richtungen gegen unendlich erstrecken.

Die Energie innerhalb und außerhalb der Kokons ist gleich; es sind ja die gleichen Stränge. Der Mensch wird durch universale Energiestränge erzeugt, die sich in alle Richtungen bis in die Unendlichkeit erstrecken und ist direkt mit ihnen verbunden.

Bestimmte Bündel von universalen Energiefilamenten ziehen durch unseren Kokon. Die gleiche Gruppe von Filamenten durchläuft die Kokons aller Menschen. Es ist völlig unverständlich, wie diese Gruppierung von nicht nachvollziehbaren Strängen bewusster Energie passiert, aber gemäß Castaneda können die Zauberer und Seher von Don Juans uralter Tradition sie direkt sehen.

Auch unsere Erde ist ein lebendes und empfindungsfähiges Wesen mit einem Kokon, in dem wir auf der Innenseite leben. Unsere Geschichte ist Teil der Geschichte der Erde. Die unendlichen universalen Filamente, die durch uns hindurchgehen, umfassen nur einen kleinen Teil der unendlichen Anzahl der Filamente der Erde. Unsere menschlichen Kokons befinden sich innerhalb des viel größeren Kokons der Erde und unsere Schicksale sind miteinander verwoben und verflochten.

Der Kokon eines jeden Lebewesens enthält universale

Bewusstseinsstränge, die er zur Wahrnehmung nutzt. Jeder Kokon ist gefüllt mit Milliarden von universalen Strängen bewusster Energie, die nur einen verschwindend kleinen Teil der gesamten Strängen des gesamten Universums ausmachen. Doch, auch wenn ein einzelner Kokon klein im Vergleich zum Ganzen ist, enthält er immer noch unzählige Milliarden von Strängen bewusster Energie.

Nur ein kleiner Teil dieser eingeschlossenen Strängen wird wirklich verwendet. Jedes Lebewesen hat ein Merkmal in seinem Kokon, das einige Emanationen auswählt, die es für die Wahrnehmung verwendet, während es andere total ignoriert. Dieses Merkmal ist der Punkt, an dem jedes fühlende Wesen mit dem Universum verbunden ist, wo es direkt mit dem Geist und der Absicht des Universums verbunden ist.

Menschen haben eine Kugel aus leuchtender Energie von der Größe eines Tennisballs auf der Oberfläche ihres Kokons, etwa eine Armlänge hinter der rechten Schulter. Dieser Energiefleck ist der Agent, der die Emanationen auswählt, die durch unsere Kokons durchgehen, um sie für die Wahrnehmung zu nutzen. Er wird Montagepunkt genannt, weil das der Punkt ist, an dem die Wahrnehmung zusammengesetzt wird. Er kann auch als Selektor bezeichnet werden, da er bestimmte Emanationen wählt und andere ignoriert.

Nur ein kleiner Teil der Gesamtzahl der Emanationen innerhalb des Kokons wird ausgewählt, während der Rest ignoriert wird. Wenn sich der Montagepunkt auf der Oberfläche oder im Inneren des Kokons bewegt, wählt er diejenigen universalen Emanationen aus, auf die er trifft. Diese inneren Stränge des Bewusstseins sind mit den gleichen Strängen außerhalb des Kokons verbunden, die sich bis in die Unendlichkeit erstrecken, und so tritt Wahrnehmung ein.

Wahrnehmung ist ein magischer Prozess, der passiert, wenn Stränge universaler Energie, die durch unsere menschlichen Kokons fließen, ausgewählt werden und dann von unserem Montagepunkt zum Aufleuchten gebracht werden. Der Montagepunkt verbindet, koordiniert und beleuchtet die inneren und äußeren Teile jener ausgewählten Energiestränge, die in die Unendlichkeit hinausreichen. Das Ergebnis ist Wahrnehmung. Wir erfahren von unseren Eltern und Betreuern, wo wir unseren Montagepunkt platzieren sollen und zwar vom Zeitpunkt unserer Geburt an.

Wir können sagen, dass ein Mensch einen Montagepunkt hat. Es mag richtiger sein, zu sagen, dass das Universum unzählige Billionen von Montagepunkten hat. Wir sind, was wir sind und leben in unserer Welt aufgrund der Position unseres Montagepunktes im Universum der bewussten Energie.

Der Montagepunkt existiert innerhalb eines Kokons in einem Universum bewusster Energie. Durch Auswahl und Kombination von Strängen bewusster Energie fügt ein Montagepunkt gleichzeitig eine Welt, sowie auch ein bewusstes Wesen in dieser Welt zusammen. Die besondere Natur dieser Welt und dieses Wesens wird bestimmt durch die Auswahl der Energiestränge und den Grad bzw. die Intensität des Bewusstseins. Die Absicht, die den Montagepunkt dazu bringt, Wahrnehmung zu sammeln, stammt aus dem Universum außerhalb des Kokons.

Laut Castaneda ist die Gesamtenergie in unseren Kokons in zwei Teile geteilt. Ein Teil ist das menschliche Band, das die Sammlung von Energie darstellt, die für die menschliche Wahrnehmung zugänglich ist und besteht aus etwa einem Drittel des gesamten Kokons. Die anderen zwei Drittel sind nicht-menschliche Energiestränge in unseren Kokons, die aber außerhalb des menschlichen Wahrnehmungsbereichs liegen.

Das menschliche Band ist in 48 Bündeln organisiert. Um unsere normale Welt wahrzunehmen, benutzen wir nur zwei dieser Bündel. Es gibt also 46 zusätzliche Energiebündel in unseren Kokons, die wir normalerweise nicht benutzen, jedoch können wir lernen, sie zu nutzen. Von diesen 46 Bündeln gehören sechs zu Zwillingswesen, die zusammen mit uns auf der Erde leben. Sie haben ebenso Kokons und Montagepunkte, doch sie besitzen keinen physischen Organismus, der atmet, isst und sich fortpflanzt.

Viele dieser Wesen, die mit uns existieren, sind sich unserer Anwesenheit bewusst, aber normalerweise sind wir uns ihrer nicht bewusst. Don Juan Matus bezeichnete sie manchmal als unsere "Zwillinge", manchmal auch als unsere "Cousins". Sie sind sich unserer Anwesenheit bewusst, können uns aber nicht kontaktieren. Wir sind uns ihrer normalerweise nicht bewusst, doch wenn es uns gelingt, uns ihrer bewusst werden, können wir die Initiative ergreifen und mit ihnen Kontakt aufnehmen, was die Tür zu einer Beziehung öffnen kann.

Die Anzahl und Vielfalt dieser Zwillingswesen, mit denen wir unsere tägliche Welt, wenn auch außerhalb unseres normalen Bewusstseins, teilen, ist größer als die Anzahl und Vielfalt von Wesenheiten, die wir normalerweise während unseres gesamten Lebens kennenlernen. Die Vielfalt unsichtbarer und anorganischer Wesen in unserer Welt übersteigt bei weitem die Tausenden von organischen Spezies, die wir bisher gezählt haben.

Die anderen 40 Energiebündel im menschlichen Band unserer leuchtenden Sphären gehören anderen Welten an.

Würden wir alle davon nutzen, wäre es möglich, mindestens 600 zusätzliche komplette Welten zusammenzustellen. 600 Welten, welche die Energie nutzen, die durch das menschliche Band in unserer leuchtenden Sphäre fließt, stehen zu unserer Verfügung.

Diese Welten sind ebenso vollständig und verschlingend wie unsere; Lebewesen leben und sterben in ihnen, und wir können sie auch besuchen und in ihnen leben und sterben. Wenn man fragen würde, wo im Universum diese Welten existieren, ist es unmöglich, etwas anderes zu sagen, als dass diese Welten und die Lebewesen, die dort leben oder dort auf Besuch sind, in den jeweiligen Positionen des Montagepunktes existieren.

Sie existieren ständig und unabhängig von unserer Welt, aber sind für uns unzugänglich. Wir sind vor ihnen geschützt, weil wir konditioniert sind, sie zu ignorieren und anzunehmen, dass unsere normale Welt des täglichen Lebens die einzige mögliche Realität ist. Wenn unser Montagepunkt starr an einer Stelle bleibt, gibt es eine Wahrnehmungswand zwischen uns und den Zwillingsbewohnern unserer Welt, ebenso wie zwischen unserer Welt und den anderen Welten.

Es gibt unzählige Billionen von Positionen im Universum, an denen Montagepunkte Welten und Wesen zusammensetzen können. Alle Lebewesen haben Kokons und Montagepunkte im Strom der strangartigen Emanationen der bewussten Energie des Universums.

Der Kokon ist eine temporäre Erscheinung, die bei der Geburt beginnt und mit dem Tod endet. Castaneda erklärt nicht, wie die Geburt eines Kokons in diesem Universum bewusster Energie vor sich geht. Er sagt, dass jede sexuelle Handlung Gefühle und andere Voraussetzungen verursacht, die normalerweise ungestört im Universum schweben, um zu versuchen, sich zu vereinigen, damit ein neues Wesen empfangen werden kann. Der Tod tritt ein, wenn der Kokon durch den Gebrauch geschwächt wird und zusammenbricht, wodurch die gesamte eingeschlossene Energie in das Universum zurückfließen kann.

Kokons existieren in einem sich ständig bewegenden Ozean universaler Kraft. Diese Kraft, die das Bewusstsein und die Absicht des Universums enthält, rollt ständig gegen die Kokons an. Diese „rollende Kraft" besitzt zwei Aspekte. Der erste gibt uns Leben, Lebenszweck und Bewusstsein; der zweite ist die Kraft, die im Augenblick des Todes den Kokon aufbricht und zerstört. Diese duale Kraft von Leben und Tod trifft uns andauernd während unseres gesamten Lebens und führt dazu, dass der Kokon sich allmählich abnutzt, bis er der rollenden Kraft nicht mehr widerstehen kann und von ihr überwältigt wird.

Die im Kokon gefangene bewusste Energie bewegt sich ständig und ist darauf bedacht, sich mit der äußeren Energie zu verbinden. Die endlosen Stränge an der Außenseite üben einen ständigen Druck auf die Kokons aus. Der äußere Druck regt das Bewusstsein an, indem er die Bewegung der gefangenen Energie stoppt, die immer darum kämpft herauszukommen - in der Tat, kämpft, um zu sterben. Wenn die inneren Emanationen sich mit den äußeren Emanationen verbinden, beginnt das Bewusstsein und der Tod wird verhindert. Wir müssen wahrnehmen oder sterben.

Unsere Wahrnehmung umfasst immer die Gesamtheit unserer Energie. Es gibt keine zusätzliche Energie in unseren Kokons, die nicht am Akt der Wahrnehmung, in unserer Welt zu existieren, beteiligt ist.

Wir sind Wahrnehmende. Dafür wurden wir geboren. In einem unendlichen räuberischen Universum, das weit über unser Verständnis hinausgeht, besitzen wir eine sichere Insel von all dem, was uns als bekannt erklärt wurde, als Zufluchtsort. Andere unbekannte Arten von empfindungsfähigem Leben existieren um uns herum und einige davon sind sich unserer Anwesenheit bewusst, doch unsere Wahrnehmungswand verbirgt sie lebenslang vor uns. Unsere kleine Insel zu verwalten, sich in diesem riesigen Meer des Bewusstseins zu schützen, nimmt all unsere Energie in Anspruch, die gleichbedeutend ist mit der Ganzheit unseres Bewusstseins.

5

MIT DEN DONS IN DER WÜSTE

"Ich bin nur ein Mensch, Don Juan", erklärte Castaneda als Antwort auf Matus Frage: "Weißt du eigentlich etwas über die Welt um dich herum?"

Im Jahr 1968 kehrte Castaneda nach Mexiko zurück und begann seine Ausbildung bei Don Juan Matus von Neuem. Dies leitete die letzte Phase in ihrer Beziehung ein, die bis zum Verschwinden von Matus im Jahr 1973, ununterbrochen andauerte.

Der obige Austausch ist eine Versinnbildlichung der Scherze zwischen Castaneda und Don Juan, wenn sie durch die Wüsten und Städte streiften. Don Juan würde seinen Hut aufsetzte, ihn auf den Boden werfen, sich auf den Oberschenkel klatschen, einen eindringlichen oder fragenden Blick aufsetzen, einen Witz machen, mit den Gelenken knacken, die Augen weit aufreißen, Castaneda auf den Rücken klopfen und mit den Lippen blubbern. Neugierig, perplex, genervt, verängstigt und verärgert, würde Castaneda ständig, oft unnötige, Fragen stellen. Wenn Castanedas Schriften nur Fantasie sind, dann ist seine literarische Fähigkeit, die Laufbahn eines Zauberlehrlings darzustellen, der hochmütig, doch ängstlich ist, den Fortschritt verzögert und dennoch von purer Unwissenheit bis zum Verstehen gelangt, absolut meisterhaft. Über einen Zeitraum von 30 Jahren und in 11 Büchern hat Castaneda, der Lehrling, in jedem Augenblick genau die richtige Menge verstanden und missverstanden und das in seinen Ausflüchten, Dementis, zwanghaften Spleens und anderen Reaktionen gezeigt.

Don Juans Kumpan wurde vorgestellt: der ängstliche, doch urkomische, akrobatische Zauberer Don Genaro Flores. Er wurde Lehrassistent in Castanedas neuen, manchmal klamaukartigen, Ausbildung. Don Genaro, ein Mazatec-Indianer aus Zentralmexiko, erschien als einfacher Landmann, schüchtern und selbstironisch, aber gleichzeitig amüsierte, provozierte und erschreckte er Castaneda mit unerklärlichen und komplexen Akte von Theatralik, Pantomime und Magie.

Zusammen mit Don Genaro stellte Matus auch Nestor und Pablito, seine anderen Lehrlinge, vor. Sie würden Castaneda von diesem Zeitpunkt an bei den meisten seiner Heldentaten begleiten. Castanedas furchteinflößende Ausbildung war von da an mit Humor durchsetzt, mit südamerikanischer Macho-Kameraderie, bis hin zu Witzen über Furze und Damenunterwäsche.

Don Juan sagte, er wolle die Dinge auflockern; er sagte, Castanedas früherer Rückzug sei dadurch verursacht worden, dass er die Dinge zu ernst genommen habe. Castaneda versuchte immer noch verstohlen Notizen zu machen und wurde dafür endlos gehänselt; Don Genaro hat ihn damit geneckt, dass er ständig seine Hände in den Taschen hätte, wo er seine Notizbücher aufbewahrte. Genaro stellte sich auf den Kopf, um zu zeigen, wie absurd es war, ein Zauberer zu werden, indem er sich Notizen machte.

Ängstlich teilte Castaneda Don Juan mit, dass er kein

Peyote mehr nehmen wolle. Er hatte nicht die Absicht, sich seinen Realitätssinn weiter durch Matus Lehren zerstören zu lassen. Er hat gerade einen erfolgreichen und kritisch beachteten Bestseller veröffentlicht und plante lukrative Vortragsreisen, wie diejenige, die ich später verpasste und schloss seine Doktorarbeit ab. Ein international bekannter, erfolgreicher Mann ist normalerweise kein Kandidat für eine Zauberlehre, die von einer heruntergekommenen Hütte in der mexikanischen Wüste aus betrieben wird. Matus ignorierte all dies und hieß Castaneda wie einen verlorenen Sohn willkommen, der gekommen war, um seine Lehre fortzusetzen. Ohne zu wissen warum, ließ Castaneda sich darauf ein.

* * * * *

Viele von Castanedas Lesern waren von den psychedelischen Abenteuern der ersten beiden Bücher begeistert, doch verloren dann das Interesse, als sie erkannten, dass halluzinogene Pflanzen nur eine kleine Rolle spielten, und zwar nur am Anfang. In der Tat hörte Castaneda am Ende der Ereignisse in seinem zweiten Buch, *Eine andere Wirklichkeit*, auf, jegliche Formen von "Kraftpflanzen" zu benutzen. Er verwendete Peyote, das Teufelskraut und die Pilzrauch-Mischung von 1960 bis 1965, wie im ersten Buch beschrieben. Als er 1968 nach Mexiko zurückkehrte, war der Vorrat an Pflanzen und Pilzen, die er angebaut und dann im Stich gelassen hatte, eingegangen oder zersetzt. Von 1968 bis 1969 meldete er, dass er gelegentlich die Pilzmischung rauchte, aber nur, weil Matus darauf bestand und dass er Matus Vorrat benutzte, weil er keinen eigenen hatte.

Matus erklärte, dass die Pflanzen notwendig wären, um Castaneda aus seinem lethargischen Zustand herauszuschütteln, auch wenn sein Körper erheblich darunter litt. Castaneda musste in die Erkenntnis getrieben werden, dass es andere Bewusstseinszustände und andere Welten gibt. Um das zu erkennen, mussten seine Schutzschilde zerstört werden.

Unsere Schutzschilde setzen sich aus unserem inneren und äußeren Dialog zusammen – unsere pausenlose, gewohnheitsmäßige und obsessive Denkweise und Projektion unserer Gedanken auf die Wahrnehmung. Schutzschilde sind sowohl Ursache, wie auch Wirkung, dass unser Montagepunktes starr an einer Stelle festgehalten wird. Uns wurde beigebracht, wie wir unsere Wahrnehmung durch unser gewohnheitsmäßiges Reden und Denken festlegen und stabilisieren können; unsere Gespräche und Denkprozesse werden dann zu unseren Schutzschilden.

In seinem zweiten, dritten und vierten Buch beschreibt Castaneda eine Serie von Lernerfahrungen, die sich in einem Muster entwickelten. Don Juan würde Castaneda in eine Position manövrieren, um sich einer gefährlichen Lernaufgabe zu stellen. Castaneda würde das spüren und nervös und unruhig werden, Fragen stellen, nach Beruhigung oder Anleitung suchen, versuchen, das Thema zu wechseln oder einfach versuchen, die Bremse zu finden. Schlussendlich würde Matus ihn abrupt in jede Herausforderung hineinstoßen, die sich anbot. Castaneda würde planlos hineinstürmen, Chancen und Gefahren falsch einschätzen und dann unweigerlich in eine Falle oder Gefahr geraten, weil er seinen emotionalen Reaktionen allzu freien Lauf ließ.

Castaneda beggnete einem „Wächter der anderen Welt", der sich als riesige Mücke manifestierte. Er sah diesen Wächter mehrere Male, bis eine Begegnung gefährlich wurde. Der Wächter gab ihm ein Zeichen, wegzugehen: er drehte sich um und zeigte Castaneda sein Hinterteil. Castaneda war überwältigt von seinen vielfarbigen Mustern und starrte es an. Das Monster nahm das übel und griff an; Castaneda überlebte nur, weil Don Juans eingriff.

Ein anderes Mal starrte Castaneda träumerisch auf das Wasser eines Bewässerungsgrabens, ignorierte Don Juans Warnungen und Anweisungen und wurde vom Wasser davongetragen. Er fand weit weg wieder zu sich, verloren in unbekanntem Terrain, ohne eine Ahnung, wo er war oder wie er zurückkehren könne. Matus rettete ihn erneut, aber diese Erfahrung machte alle Gewässer für ihn gefährlich; er konnte eine Zeit lang nicht irgendwo in der Nähe von Wasser allein gelassen werden.

Castaneda hatte einige der Schutzschilde verloren, die früher die Wahrnehmungsmauer bildeten, die ihn schützte. Er war jedoch noch nicht bereit, die Verantwortung für seine Begegnungen in der anderen Wirklichkeit, mit der er nun in Berührung kam, zu übernehmen. Er war nicht in der Lage, Gefahr zu erkennen und zu respektieren oder sich selbst vor Schaden zu bewahren. Er würde sich einfach in alles fallen lassen, was geschah, als ob er glaubte, dass es nicht wirklich wäre, oder als ob er ein interessantes Phänomen studierte oder als ob er nur tagträumen würde.

Eine gefährliche Welt der Kraft öffnete sich weiter. Matus war wiederholt gezwungen, Castaneda am Ende seiner Erfahrungen zu retten. Er brauchte Aufsicht und Schutz, um ihn daran zu hindern, zu weit vorzudringen und für immer in einer anderen Welt verloren zu gehen oder sich bei einer gedankenlosen Begegnung mit einer größeren Macht, die er nicht als solche erkannte oder respektierte, zu verletzen oder gar getötet zu werden.

Die wirkliche Gefahr, das wahre Abenteuer, begann, als Don Juan aufhörte, Castaneda "Kraftpflanzen" zu geben. Die Ereignisse in seiner Lehrzeit erhielten einen anderen Einfluss und einen neuen Wert und markierten eine neue

Phase seines Lebens. Sobald er seine Lehre fortsetzte, ohne Peyote zu essen oder Pilze zu rauchen, konnte er seine Erlebnisse nicht mehr als Halluzinationen abtun. Alles war gleichermaßen real und bedeutend.

Wenn er Peyote oder Pilze aß oder den Rauch verwendete, konnte Castaneda seine extremen Erfahrungen oder beängstigenden Begegnungen den "Kraftpflanzen" in die Schuhe schieben, nicht sich selbst als Beobachter oder der derzeitigen Welt insgesamt. Sobald Castaneda erkannt hatte, dass andere Realitäten existierten und sich auf ihn selbst auswirkten, wurde alles anders. Matus sagte ihm folgendes ...

„Die Welt ist tatsächlich voller beängstigender Dinge und wir sind hilflose Kreaturen, umgeben von Kräften, die unerklärlich und unbeugsam sind. Der Durchschnittsmensch glaubt, dass diese Kräfte erklärt oder verändert werden können – früher oder später. Indem er sich dem Wissen öffnet, wird ein Zauberer verletzbarer ... indem er sich dem Wissen öffnet, fällt er solchen Kräften zum Opfer und hat nur ein Mittel, des auszugleichen ... er musste sich wie ein Krieger fühlen und verhalten. Nur als Krieger kann man den Pfad des Wissens überleben."

Indem er Castaneda wiederholt mit starken Kraftpflanzen traktierte, erreichte Matus, dass dieser seine Schutzschilde fallen ließ. Dies öffnete die Türen, die seine normale Realität vom nicht reduzierbaren Universum der bewussten Energie trennte. Obwohl seine Ratio immer noch existierte und ihn daran hinderte, es wahrzunehmen, war er anfällig für den unermesslichen Ozean unbeschreiblichen, räuberischen Bewusstseins, das sich im gesamten Universum und in unseren Kokons befindet. Als diese Öffnung, auch ohne Drogenkonsum als Entschuldigung, anhielt, als es nicht mehr möglich war, sie wegzuschlafen, auszunüchtern und wieder normal zu werden, war ein

Wendepunkt erreicht. Castaneda wuchs über die Notwendigkeit, von Peyote oder Pilzen aufgerüttelt zu werden, hinaus.

Aber warum wollte oder würde ein berühmter erfolgreicher Mann sich freiwillig "unerklärlichen und unbeugsamen" Kräften aussetzen?

Gemäß Don Juan Matus ist dies das Paradoxon des Bewusstseins: Um uns vor den unerklärlichen und unbeugsamen Kräften zu schützen, die um uns herum existieren, müssen wir unser Bewusstsein kontrollieren. Wenn alles, was wir im Leben tun, die Kontrolle unseres Bewusstseins ist, berauben wir uns unseres Geburtsrechts als Menschen, als Wahrnehmer, fähig der Magie.

Während der Zeit des Peyote- und Pilzgebrauchs, während Matus ihm "Kraftpflanzen" gab, um ihn durch Schocks zu öffnen, lehrte er Castaneda auch Techniken, die ihn darauf vorbereiten würden, dieses unlösbare Paradox des Bewusstseins zu bewältigen. Er zeigte ihm eine Lebensweise, die es Wahrnehmenden ermöglichte, ihr Bewusstsein zu erweitern und sich gleichzeitig vor den unerbittlichen und unerklärlichen Kräften zu schützen, die jedes aufkommende Bewusstsein attackieren.

Früher hat Castaneda diese Lehren arrogant ignoriert. Doch nun brauchte er sie, um sein Leben und seinen Verstand zu schützen. Diese Überlebenstechniken wurden zum Hauptthema des dritten Buches, *Reise nach Ixtlan*.

Castaneda sagt, dass dieses Buch auf Feldnotizen aus seinen früheren Jahren mit Matus basierte; er hatte sie jedoch beiseitegelegt, weil er ihre Tragweite nicht erkannte. Es sind Lektionen von Matus, die ihm von Anfang beibrachten, wie er sich als „Krieger" durch die Welt bewegen solle, um neues Bewusstsein und Stärke nutzen zu können und gleichzeitig den Angriffen des Unbekannten standzuhalten.

Castaneda war gezwungen zu akzeptieren, dass seine befremdenden Erfahrungen nicht einfach Peyote zuzuschreiben waren und dass die Herausforderungen, denen er ausgesetzt war, unvermeidliche Teile des Menschseins waren. Jeder, der Wissen suchte, öffnete sich dem Unbekannten. Er wurde erreichbar und verletzlich gegenüber den gewaltigen Mächten, die ihn und alle anderen Menschen bedrohten. Er konnte buchstäblich nicht überleben, ohne wie ein Krieger, der an einer Schlacht teilnahm, zu agieren, um sein Leben zu retten.

Ein Krieger kann in einer Schlacht in jedem Moment sterben. Daher geht der Krieger mit Angst, aber hellwach in den Krieg. Er respektiert seine Situation, bleibt wachsam für alles um ihn herum und hat vollstes Vertrauen in sich selbst. Er verschwendet weder seine Bewegungen oder Energie, noch gibt er sich unnötigen oder unproduktiven Gedanken hin. Er ist nicht von anderen abhängig und macht sie nicht für seine missliche Lage verantwortlich. Er beharrt nicht auf seinem Status oder seiner Identität, um sich selbst zu verherrlichen oder zu schützen, legt seine Selbstgefälligkeit ab und ist gleich mit Allem und Jedem.

Er weiß, dass sich der Tod in der Nähe befindet, und selbst wenn er diesen Kampf überlebt, wird er doch an einem anderen Tag sterben. Das Bewusstsein des Todes gibt ihm ein gewisses Maß an Freiheit und Unbekümmertheit, was seinen Handlungen Kraft und Spürsinn verleiht. Es erfasst ihn eine bestimmte Stimmung und nur er selbst ist verantwortlich für jede Erfahrung und jedes Ergebnis. Er nimmt alles ernst, während er über alles lacht.

Die Überschriften seines dritten Buches listen die Hauptthemen in Castanedas System des Wohlbefindens eines Kriegers in der Schlacht, auf: *Auslöschen der persönlichen Geschichte, Verlust der Selbstgefälligkeit, der Tod ist ein*

Berater, Verantwortung übernehmen, ein Jäger werden, unerreichbar sein, die Routinen des Lebens durchbrechen, die letzte Schlacht auf Erden, zugänglich sein für die Kraft und die Stimmung eines Kriegers.

Offensichtlich ist unser normales Leben nicht so gestaltet, dass es die Stimmung eines Kriegers erschaffen könnte. Stattdessen versichern wir uns ständig selbst, dass unsere Welt verständlich und sicher ist. Wenn wir auf etwas stoßen, das wir nicht verstehen, gehen wir davon aus, dass es sich irgendwann regeln wird. Die Stimmung eines Kriegers setzt nur ein, wenn jemand extremer und unnachgiebiger Gefahr ausgesetzt ist. Warum sollte jemand, der ein bequemes Leben führt, einen solchen Zustand des Seins suchen? Woher kommt die Herausforderung, die diese Stimmung auf natürliche Weise auslösen kann?

Matus lehrte Castaneda die Kunst, je nach Situation zugänglich oder unzugänglich zu sein. So wie ein Mann im Krieg einen Ort finden kann, an dem er innehalten kann, und dadurch eine gewisse Fähigkeit erhält, sein Schlachtfeld zu wählen, so können der Mann oder die Frau, die Wissen suchen, lernen, zugänglich oder unzugänglich zu sein. Sie müssen bewusst entscheiden, wann sie sich offenbaren wollen und wann sie sich vor den Herausforderungen, die sie immer umgeben, verbergen müssen. Der Krieger entscheidet sich, unzugänglich oder zugänglich zu sein, anstatt hilflos aus einem halb bewusstlosen Stumpfsinn abrupt in ein schreckliches Erwachen zu wechseln.

Laut Matus sind die natürlichen Herausforderungen, die die Stimmung eines Kriegers auslösen können, ständig um uns herum. Wir sind buchstäblich von der Ewigkeit umgeben. Wir machen uns für sie unzugänglich, sind vor ihr getrennt und geschützt. Wir konzentrieren uns dauernd, Minute für Minute, Sekunde für Sekunde, auf unsere persönlichen Sorgen, die eine Wahrnehmungsmauer der aufbauen.

Matus war bestrebt, Castaneda die Kunst zu lehren, offen für die Mächte zu sein, die um uns herum existieren, ohne von ihnen vernichtet zu werden. Er sagte: „Diese Welt ist ein geheimnisvoller Ort. Zu glauben, dass die Welt nur so ist, wie du denkst, ist dumm." Aber unvorsichtig und in der falschen Stimmung in das Unbekannte zu gehen, ist noch dümmer, da man sich dadurch gefährlichen, unkontrollierbaren und unerbittlichen Kräften aussetzt.

Er verbrachte Tage damit, mit Don Juan in der Wüste zu jagen. Matus lehrte ihn über das Verhalten verschiedener Raubtiere, Klapperschlangen, kleiner Säugetiere und Vögel. Castaneda erinnerte sich an einen späten Nachmittag, als er, nach einem Tag in der Wüste, ein Gefühl der Erfüllung genoss. Es wurde kalt und sie waren immer noch weit weg von Don Juans Haus. Plötzlich stand Matus auf und verkündete, dass sie einen nahegelegenen Hügel besteigen würden, um oben auf einer Lichtung zu stehen.

Als sie den Gipfel des Hügels erreicht hatten, sagte Matus: „Hab keine Angst. Ich bin dein Freund und ich werde zusehen, dass dir nichts Böses passiert." Natürlich hatten diese beruhigenden Worte den genau gegenteiligen Effekt und Castanedas Stimmung verwandelte sich in pure Angst.

Matus flüsterte: „Hier ist es, schau, schau! ", als ein Windstoß Castaneda ins Gesicht fuhr.

Während Castaneda behauptete, dass es nur der Wind wäre, der durch leichte Veränderungen in Luftdruck und Temperatur verursacht würde, forderte Matus ihn auf, einige Zweige von nahe gelegenen Sträuchern und Büschen zu sammeln. Er sagte, Castaneda solle sich hinlegen und sich mit den Ästen und Blättern bedecken. Nachdem er dort fünf Minuten still gelegen hatte, hörte der Wind auf.

Kurz darauf, nachdem sie sich hingesetzt und ihre Diskussion fortgesetzt hatten, wies Matus wieder darauf hin, dass sich etwas näherte und der Wind traf sie erneut. Sie mussten neue Zweige sammeln und sich wieder verstecken, um ihn zum Verschwinden zu bringen.

Matus erklärte, dass das, womit sie während der Dämmerung konfrontiert waren, nicht einfach der Wind war, sondern die Kraft selbst. Die Kraft verstecke sich im Wind, etwas wie ein 'Wirbel, eine Wolke, ein Nebel, ein Gesicht, das sich umdreht'. Die Welt ist wirklich ein geheimnisvoller Ort. Die Kraft könne einem Jäger ebenso helfen, wie ihn belästigen. Das Geheimnis großer Jäger ist, „genau am Wendepunkt" verfügbar und nicht verfügbar zu sein.

* * * * *

In einer der unvergesslichsten Szenen in allen Werken Castanedas erklomm Don Genaro eine Felswand und sprang von Stein zu Stein und trieb seine Possen auf einem 150 Meter hohen Wasserfall. Er zeigte eine Beherrschung des Gleichgewichts, indem er sich mithilfe von Fasern aus seinem leuchtenden Wesen Halt gab. Castaneda konnte die Fasern nicht sehen. Er konnte nur schauen. Er nahm nur eine Reihe von unmöglich schwierigen körperlichen Bewegungen wahr. Er argumentierte, dass es sich um einen Taschenspielertrick handelte, oder dass er von dem Ereignis hypnotisiert war.

Es gibt einen Unterschied zwischen Schauen und Sehen, genauso wie es eine andere Wirklichkeit gibt. Wir schauen auf eine Wirklichkeit, sind dabei aber blind gegenüber der abgetrennten Wirklichkeit, wenn wir nicht sehen. Das Sehen benutzt den gesamten menschlichen Körpers, einschließlich der unsichtbaren Anteile, als ein Instrument zur Wahrnehmung; Sehen passiert unabhängig von den Augen.

Die allgemeine Stimmung der normalen Wahrnehmung, von einem räuberischen Standpunkt aus betrachtet, ist visuell. Für Menschen war es immer von enormer Wichtigkeit, in der Lage zu sein, eine Szene zu betrachten, sie aufzunehmen und schnell Gefahren und Gelegenheiten aus der Raubtierposition heraus zu erkennen. Die Augen haben gelernt, Dinge zu betrachten und kurze Blicke von Gegenstand zu Gegenstand zu werfen. Der Verstand fügt die Bedeutung der Szene und jedes Gegenstandes darin hinzu und klassifiziert deren Wert als räuberisches Wesen, das gleichzeitig Jäger und Gejagter ist.

Dinge ansehen, die Welt ansehen, ist erlerntes Verhalten. Neugeborene Babys sehen dich nicht an. Sie blicken hinaus und sehen etwas anderes.

„Wir lernen über alles nachzudenken und dann trainieren wir unsere Augen dazu, so zu sehen, wie wir über die Dinge denken, die wir betrachten." Wir lernen zu denken und in unseren Gedanken beschreiben wir die Welt und unseren Platz darin; dann benutzen wir unsere Gedanken, um unseren Augen zu helfen, die Dinge zu sehen. Wir bringen bekannte Gegenstände und unsere vertraute Welt in den Fokus. Sobald wir das gelernt haben, schauen wir uns alles an und vergessen, wie man sieht.

Laut Matus ist unsere normale menschliche Sehkraft „mehr Interpretation als Wahrnehmung". Wir machen uns nicht die Mühe, unseren Tast-, Geruchs- oder gar unseren Gehörsinn zu benutzen, um komplex und verbindlich zu identifizieren. Normalerweise „berühren wir die ankommende Energie nur leicht mit unseren Augen", was ein Identifikationssystem auslöst, das Attribute und Werte sofort bestimmt und zuordnet: Baum, Haus, Frau, alt, schön, gefährlich. Durch unser stroboskopartiges Sehen erschaffen wir uns eine ganze Welt, um darin zu leben. Wir arbeiten ständig daran, unseren Schwerpunkt auf dieser Welt zu bewahren und auch zu schärfen, und zwar abgetrennt vom Universum, wie es war, bevor wir gelernt haben, es durch unsere Gedanken und Augen zu filtern.

Von Kindheit an wurde uns beigebracht und wurden wir angehalten, uns unserer Gruppe anzuschließen und Dinge gemeinsam zu betrachten; wir sind uns darüber einig, was real ist und was nicht. Wir tun dies, um zusammen mit allen Menschen, die den gleichen Planeten teilen, einen sicheren Außenposten im Unbekannten schaffen. Wir schaffen einen Weg, dem wir das ganze Leben lang folgen müssen, um uns mit unseren Taten vor dem universalen Meer des räuberischen Bewusstseins zu schützen. Wir trennen das Bekannte vom Unbekannten und ignorieren und verleugnen das Zweitere.

Castaneda hat es während seiner Lehrzeit bei Matus nie geschafft, ohne Hilfe zu sehen. Erst später, einige Jahre nachdem Matus weggegangen war, gab Castanedas Vernunft nach und erlaubte ihm, zu sehen. Sobald er sehen konnte, erinnerte er sich auch an alles, was er zuvor gesehen hatte.

Durch Benutzung von Kraftpflanzen zwang Matus Castaneda, sich den im Universum existierenden Mächten zu öffnen. Sobald er das getan hatte, gab es so etwas wie Halluzination nicht mehr. Alles, jegliche Wahrnehmung, war gleich. Zwangloser Drogenkonsum, den er danach wegschlafen konnte, war nun nicht mehr möglich.

Matus hat Castaneda auch gelehrt, dass es kein zwangloses Essen oder Trinken gibt. Es gibt auch keinen Gelegenheits-Sex. Ebenso wenig wie zwangloses Wandern in der

Wüste oder in einer Stadt. Genau genommen gibt es auch kein zufälliges Denken. Jeder Gedanke ist eine Aktion, die unsere Wahrnehmung und unser Bewusstsein steuert, die alles bestimmen. Philosophie ist ein Bestreben auf Leben und Tod. Nichts ist real, aber alles ist bedeutend.

* * * * *

Matus führte Castaneda ins Thema Träumen ein. Er sagte, dass der sicherste Weg, sich dem Unbekannten zugänglich zu machen, darin besteht, ein Bewusstsein zu entwickeln und zu nutzen, über das wir in unseren Träumen verfügen. Männer und Frauen sind leuchtende Energiebälle, die inmitten von großen Wirbeln von Energiebändern leben. Wir nehmen uns selbst und unsere Welt wahr, indem wir unseren Montagepunkt an einem bestimmten Ort halten, was eine innere und eine äußere Welt kreiert. Der Weg zu neuen Energiebändern, die nichtalltägliche Wahrnehmungen enthalten, besteht darin, den Montagepunkt zu verschieben. Aber er kann nicht durch bewusste Befehle verlagert werden.

Unser Montagepunkt verschiebt sich auf natürliche Weise im Schlaf und produziert unsere Träume. Unsere Träume zu erforschen ist der einfachste Weg, die Fähigkeit zu entwickeln, die Bewegung des Montagepunktes zu nutzen. Matus spricht jedoch nicht von einer Analyse unserer Träume nach Art und Weise der Psychoanalyse. Die Psychoanalyse von Träumen ist eine Möglichkeit, diese mit Bezug auf unseren aktuellen Standpunkt zu verstehen oder ein Weg, unsere normale Perspektive und Leistung zu erneuern oder zu verbessern, indem wir neue Informationen aus Träumen hinzufügen.

Castaneda schrieb über die Entwicklung unserer Aufmerksamkeit innerhalb eines Traums und nicht als Betrachter von außen. Als Babys bauen wir unsere Welt zusammen, indem wir unsere Aufmerksamkeit ausschließlich auf eine Position des Montagepunktes fixieren. Er behauptet, wir können eine andere Welt zusammenstellen, indem wir uns auf Dinge konzentrieren, die in unseren Träumen auftauchen, wenn der Montagepunkt sich zufällig zu einer anderen Position bewegt hat. Tatsächlich ist unsere tägliche Realität ein Traum unter vielen Träumen, der durch die Zustimmung aller Menschen die unseren Planeten teilen, durchgesetzt und verstärkt wird. Das Universum ist voll von Träumen mit Wesen, die diese aufgrund ihrer Vereinbarungen mit uns teilen. Das Universum ist voll von Montagepunkten, Orte, an denen sich bewusste Energie im Akt der Wahrnehmung angesammelt und vereinigt hat.

Es ist natürlich, zusammen zu träumen. Unsere tägliche Realität ist genau das: ein gemeinsamer menschlicher Traumzustand, der von vielen Menschen gemeinsam zusammengehalten wird. Wir sind uns nicht bewusst, dass es ein Traum ist, weil wir keine anderen gemeinsamen Träume zum Vergleich haben. Unsere geträumte Welt ist nicht unsere willkürliche Wahl; sie kam zustande, weil sie die Absicht des Universums ausdrückt. Was wir darin tun, wenn wir uns in einen Traum unserer Wahl wiederfinden, ist unsere Entscheidung. Wir müssen für alles , was passiert, die Verantwortung übernehmen, um ein gewisses Maß an Kontrolle zu haben.

* * * * *

Der Schwerpunkt in Castanedas Werk ändert sich im dritten Buch. Anstatt sich um Pilze rauchen oder Peyote zu drehen, die uns aus der normalen Realität herauszureißen, geht es jetzt darum, wie wir bewusst aus unserer normalen Realität in eine andere Realität überwechseln können, ohne "Kraftpflanzen" zu benutzen, und wie schwierig und gefährlich das ist. Es ist eine einsame und abgesonderte Aufgabe, sich von anderen auf radikale Weise auszuklinken. Ohne die Prinzipien des „Weges des Kriegers" einfach aus der akzeptierten Realität auszubrechen, ist schlichter Wahnsinn.

Auf einer seiner dreitägigen Fahrten von Los Angeles nach Mexiko verbrachte Castaneda zwei Nächte in einem Hotel vor einer mexikanischen Stadt, während sein Auto repariert wurde. Vom Hotelcafé aus beobachtete er eine Gruppe armer Kinder, die ihre Tage damit verbrachten, draußen am Bordstein herumzulungern. Sie warteten geduldig darauf, dass die Kunden gehen würden, stürzten sich dann auf die Überreste um sie zu verschlingen, würden dann den Tisch sauber machen und sich höflich wieder an den Bordstein zurückziehen. Castaneda war bedrückt, weil diese Kinder ohne Hoffnung lebten. Er gab Matus seine Einschätzung, dass sie der „Möglichkeiten zur persönlichen Befriedigung und Entfaltung", die er selbst genossen hatte, beraubt waren.

„Du denkst, dass es dir besser geht, nicht wahr?", war Matus Erwiderung. Können deine Freiheit und deine Möglichkeiten dir helfen, ein Mann des Wissens zu werden? Alle Männer des Wissens, die ich kenne, waren solche Kinder wie die, die du Essensreste essen und die Teller ablecken gesehen hast.

6

DAS ANDERE SELBST VON EINER KLIPPE WERFEN

Castaneda erinnerte sich an einen witzigen Tag, den er und Matus zusammen mit Don Genaro Flores in seiner heruntergekommenen Hütte in den Bergen verbracht hatten. Der alte Mann unterhielt sie stundenlang mit urkomischen Pantomimen und akrobatischen Gesten, wobei Castaneda, wie üblich, das Ziel seiner Witze war. Am Ende des Nachmittags entschuldigte sich Don Juan, um in die Büsche zu gehen und zu urinieren. Als Matus zurückkam, stand Genaro dramatisch auf, schnüffelte nach dem Wind und sagte mit einem äußerst ernsten Gesichtsausdruck: "Ich gehe besser dorthin, wo der Wind bläst", dann ging er davon. Matus warnte Castaneda, sich nicht zu wundern, wenn er seltsame Geräusche hörte, während Genaro in den Büschen war, denn - "wenn Genaro scheißt, zittern die Berge". Minuten später hörte Castaneda ein "tiefes, überirdisches Grollen", das er nicht identifizieren konnte. Als er Don Juan fragend ansah, was da vor sich ginge, warf sich Matus vor Lachen auf den Boden.

Das ultimative Ziel von Castanedas von seinen Lehrern geführten Abenteuern in den Wüsten, Bergen und Städten

Mexikos war, seinem ‚Double', seinem anderen Selbst, zu begegnen. Laut Castaneda haben alle Menschen ein anderes Selbst, das die ganze Zeit neben dem Selbst, das wir normalerweise wahrnehmen, existiert. Die beiden Selbst existieren aufgrund unseres zweistufigen Wahrnehmungsprozesses. Dieses Double, oder andere Selbst ähnelt dem deutschen Konzept des Doppelgängers, ist jedoch nicht exakt das Gleiche. Das andere Selbst ist eine wesentlichere und vollständigere Version unseres Wesens, als unser alltägliches Selbst. Das alltägliche Selbst ist notwendig, um als Raubtier zu gedeihen und zu überleben und um dem Leben Sinn zu geben - im Grunde genommen, ein Leben zu haben. Sich gleichzeitig beider Selbst bewusst zu sein, bedeutet, im Kontakt mit "der Gesamtheit unseres Selbst" zu sein.

Wegen unserer zweistufigen Wahrnehmung existieren wir immer als zwei Wesen, aber wir sind uns normalerweise nur eines davon bewusst. Im Akt der Wahrnehmung nimmt unser Kern zunächst die Welt direkt wahr. Wir ignorieren diese direkte Wahrnehmung jedoch sofort und gehen einen Schritt weiter, indem wir der Energie, die wir gerade wahrgenommen haben, unsere Gedanken aufzwingen. Das Ergebnis dieses zusätzlichen Schrittes ist die Wahrnehmung unseres normalen Selbst in unserer Welt. Wir beachten nur dieses Nebenprodukt der Wahrnehmung.

Es gibt einen winzigen Augenblick zwischen der ursprünglichen, direkten Wahrnehmung und der sekundären Wahrnehmung. Wir benutzen dieses Intervall, um unsere primäre Wahrnehmung zu verleugnen und zu vergessen und uns stattdessen auf die sekundäre Wahrnehmung zu konzentrieren. Doch haben wir immer noch ein Selbst, das in dieser ersten Welt der Wahrnehmung existiert, auch wenn wir es verleugnen und vernachlässigen.

Sobald wir gelernt haben, die beide Schritte der Wahrnehmung zu tun, die uns vom Moment der Geburt an beigebracht wurden, funktionieren unsere beiden Selbst getrennt voneinander. Das neue Selbst, das Selbst, das in der realen Welt, auf die wir uns geeinigt haben, lebt, übernimmt automatisch und lebenslang die Steuerung der Wahrnehmung.

„Die Welt bringt sich nicht direkt ein, denn die Beschreibung der Welt steht dazwischen. Im Grunde genommen haben wir einen Schritt entfernt und unsere Erfahrung der Welt ist immer eine Erinnerung der Erfahrung. Wir erinnern uns dauernd an den Augenblick, der gerade passiert, der vorbeigegangen ist. Wir erinnern uns, erinnern uns, erinnern uns."

Wir können über diesen Prozess der Wahrnehmung und den Doppelgänger sprechen, unsere Worte können uns das Gefühl geben, dass wir etwas über das Thema wissen, oder zumindest die Richtung kennen. Aber wir können den Doppelgänger nicht durch unsere Sprache erfassen. Über den Doppelgänger reden und nachdenken bringt uns nicht in Kontakt mit ihm. „Das ist die Schwäche von Wörtern. Sie geben uns immer das Gefühl, erleuchtet zu sein, aber wenn wir uns der Welt zuwenden, enttäuschen sie uns und wir sehen die Welt immer wieder so, wie wir sie immer ohne Erleuchtung gesehen haben."

Das andere Selbst kann zufällig wahrgenommen werden, aufgrund von Krankheit, Wahnsinn, Liebe, Krieg oder extremem Schock. Oder es kann harmonischer, aber immer noch willkürlich, beim Träumen wahrgenommen werden. In beiden Fällen ist unsere typische Reaktion, schnell in unsere normale Denkwelt zurückzukehren, die die Erinnerung an den Doppelgänger leugnet oder ihn als etwas anderes interpretiert.

Matus und Don Genaro lehrten Castaneda allmählich, seinem anderen Ich, seinem Doppelgänger, zu begegnen, indem er ihn träumte. Sie fuhren fort, ihn zu der Erkenntnis zu führen, dass es der Doppelgänger ist, der das Selbst des normalen Bewusstseins träumt. Dies ist das Mysterium des Träumers und des Geträumten.

Der Träumer und der Geträumte leben fast gleichzeitig, nur durch ein winziges Zeitintervall getrennt. Sie erleben dieselben Ereignisse, nehmen sie aber verschieden wahr. Das Bewusstsein des Träumers ist viel breiter und umfassender, aber auch ungeordneter und wilder. Der Träumer nimmt die Ewigkeit wahr, kann aber nicht darüber, oder über irgendetwas, sprechen.

Das Bewusstsein des geträumten Selbst ist beschnitten, borniert, geordnet und geschützt. Der Träumer ist sich des Geträumten bewusst, aber der Geträumte hat gelernt, den Träumer zu missachten und zu verleugnen. Der Träumer macht seine Erfahrungen sofort, während das geträumte Selbst alles mit einer Zeitverzögerung erlebt. Während dieser mikroskopisch kleinen Verzögerung aktiviert er seine Gedanken und Bilder, damit die Rohdaten wieder mit seiner Weltsicht übereinstimmen.

Das geträumte Selbst sammelt eine Auswahl von während seines Lebens wahrgenommenen Ereignissen und spielt sie wieder und wieder in seinem Verstand durch. Er nennt das seine Erinnerung. Seine persönliche Geschichte und seine Identität sind aus diesen ausgewählten Erinnerungen zusammengesetzt. Die meisten Erfahrungen sind vergessen, existieren aber immer noch in versteckten Speichern von abgelehnten und missverstandenen Bildern. Das Paradoxon der Erinnerung ist, dass unsere Erinnerungen an das normale Selbst, tatsächlich die Verweigerung der Erinnerung sind. Sich in einem tieferen Sinn zu erinnern bedeutet, sich an das andere Selbst zu erinnern.

Von Geburt an wird uns beigebracht, unsere Aufmerksamkeit ausschließlich auf das geträumte Selbst zu richten, das in der gemeinsam benutzten Welt existiert, in die wir hineingeworfen wurden. Wir teilen unsere Welt mit anderen Wesen, die Teil unserer Ära sind, mit unserer Gruppe. Wir haben eine gemeinsame Vereinbarung darüber, was real und was nicht real ist. Laut Matus ist die Realität das, worauf man sich geeinigt hat. Diese Einigung ist nicht selbst gewählt oder willkürlich; sie wurde uns von der Absicht des Universums für seine eigenen Ziele auferlegt, die wir nicht ergründen können.

Unser normales Leben besteht hauptsächlich aus der beständigen und verschlingenden Anstrengung, diese vereinbarte, reale Welt zu erhalten, zu energetisieren, zu erklären, zu verstehen und zu erneuern. Unsere Taten, Gedanken und Worte beschäftigen sich hauptsächlich mit der Behauptung der Wirklichkeit unserer Welt, wie sie uns seit dem ersten Tag beigebracht wurde.

Wir sind ständig damit beschäftigt, den Doppelgänger, der eigentlich der Träumer ist, der uns träumt, zu verleugnen. Bei dieser Tätigkeit vollbringen wir Magie und Zauberei. Wir leugnen das, was an uns selbst am grundlegendsten ist und ersetzen es durch die Wahrnehmung von etwas anderem.

Der geträumte Mensch hat gelernt, sein anderes Selbst und dessen Handlungen zu ignorieren. Wir ignorieren auch unsere Ignoranz. Wir haben verschiedene wiederholte und zwanghafte Arten des Denkens und Tuns entwickelt, um das andere Selbst aus dem Bewusstsein heraus zu halten. Wir ignorieren diese Bemühungen ebenso wie unsere autonomen Körperfunktionen, die Atmung, Verdauung und Angst kontrollieren. Um dem Ganzen die Krone aufzusetzen, wird uns beigebracht, das andere Selbst nicht nur zu ignorieren, sondern es auch aktiv zu leugnen, um angeblich unseren Lebensweg zu vereinfachen, um das Leben leichter zu machen.

Wenn wir nicht darüber belehrt werden, sind wir uns unseres anderen Selbst im ganzen Leben, bis hin zum Tod, nicht bewusst. Erst kurz vor dem Tod, wenn unsere Energie versagt und wir den zweistufigen Prozess der Wahrnehmung nicht mehr aufrechterhalten können, verlieren wir das Bewusstsein für unser reales Selbst und kehren zu unserem Doppelgänger zurück, in welchem Zustand auch immer er sich nach einem Leben der Vernachlässigung befinden mag. Die gespeicherten Erinnerungen explodieren in unser Bewusstsein und wir erleben sie im Geiste eins nach dem anderen wieder. Unser Leben zieht an unseren Augen vorüber.

*****

Um ihn über sein Doppelgänger-Selbst zu unterrichten, bewegen Don Juan und Don Genaro Castaneda ständig von seinem normalen Selbst zu seinem Doppelgänger. Aus der Position ihrer leuchtenden Wesen heraus verschieben sie den Montagepunkt auf seinem leuchtenden Wesen. Castaneda erlebt dies üblicherweise als einen Schlag auf den Rücken. Sie haben oft Schwierigkeiten, ihn in sein normales Bewusstsein zurückzuführen. Manchmal passiert das durch einem weiteren harten Schlag auf die Schulter, doch oft ist es nötig, Eimer voll Wasser auf ihn zu schütten.

Die beiden Lehrer zeigen Castaneda auch wiederholt ihren eigenen Doppelgänger, ohne ihm zu verraten, was sie tun. Der Doppelgänger ist kein Organismus wie wir, der atmen und essen muss. Während sie versuchen ihn zu belehren, amüsieren sie sich gleichzeitig und necken und verwirren ihn und fordern ihn heraus, zu erkennen, dass er sich in der Gegenwart eines Doubles befindet, der keine normalen Körperfunktionen, wie eine Darmentleerung, verrichten muss. Der erste Tag, den Castaneda mit Don Genaro verbrachte, war mit Genaros Doppelgänger und endete mit dem früher beschriebenen, vorgetäuschten Ausflug in die Büsche. Castaneda schrieb es pflichtschuldig in den Aufzeichnungen dieses Tages nieder, ohne den Witz mitzubekommen.

Ein Konzept wie der Doppelgänger ist sicherlich abwegig, ja sogar bizarr, aber tatsächlich ist es nicht seltsamer, als einige unserer akzeptierten Regeln der modernen Physik. Die Quantenphysik hat ein äußerst seltsames Konzept, Superposition genannt, bei dem ein Elektron oder anderes Teilchen gleichzeitig an zwei Orten sein kann. Die Superposition ähnelt dem Doppelgänger insofern, als sie praktisch unmöglich zu beobachten ist - wenn man die Doppelpartikel beobachtet, bricht das System zusammen und kehrt zurück zu unserer normalen Denkweise, in der das Teilchen nur an einer Stelle existiert. Laut Castaneda tut der Doppelgänger das auch. Du kannst doppelt sein, aber immer nur nacheinander.

* * * * *

DAS GESAMTE LEUCHTENDE WESEN, das beide Selbst, den Träumer wie auch den Geträumten, enthält, hat acht Punkte, die visualisiert werden können.

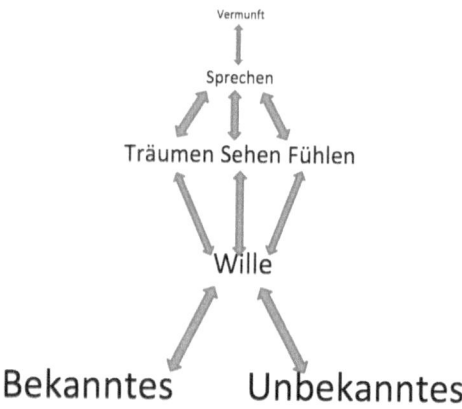

Dieses Diagramm hat zwei Epizentren: Vernunft und Wille. Obwohl die Vernunft unsere Zeit so sehr dominiert, ist sie bei weitem der kleinste Punkt im Diagramm und nur mit einem einzigen anderen Punkt verbunden - dem Sprechen. Die Vernunft ist der kleinste Punkt und auch am stärksten von unserem gesamten Sein isoliert. Doch wir leben in einer Zeit, in der die Vernunft im Mittelpunkt steht.

Sprechen bezieht sich auf unseren, sich fortwährend wiederholenden, inneren und äußeren Dialog, in welchem wir den unverarbeiteten Daten der Wahrnehmung, unsere Gedanken und erlernten Erwartungen wie einen Stempel aufdrücken. Wenn die Vernunft sich mit dem Sprechen verbindet, nennen wir das Verstehen.

Wir benutzen nur die beiden unbedeutendsten Punkte der Gesamtheit unseres Selbst - Vernunft und Sprechen. Normalerweise nehmen wir die sechs verbleibenden Punkte unser ganzes Leben lang überhaupt nicht wahr. Vernunft und Sprechen umfassen das normale Selbst in unserer Ära der Menschheitsgeschichte.

Sprechen ist mit drei größeren Punkten verbunden - träumen, sehen und fühlen. Diese drei Begriffe haben eine viel größere Bedeutung, als allgemein angenommen. Träumen ist nicht einfach etwas, was man im Schlaf tut, sondern die Verschiebung des Montagepunktes zu einer neuen Anordnung von Energiesträngen, sei es im Schlaf, oder im Wachzustand. Sehen ist der erste Schritt zur Wahrnehmung vor dem Schritt der Interpretation. Wir sprechen von Sehen im Gegensatz zum Schauen. Fühlen bezieht sich auf das Wahrnehmen des Doubles, das mit der Welt interagiert, indem es Tentakeln von Energiefäden nach außen streckt.

Achte darauf, dass diese drei Punkte - Träumen, Sehen und Fühlen - den Punkt Vernunft nicht berühren; der Verstand kann sich nicht direkt mit diesen drei oder den darunterliegenden Punkten verbinden.

Die Vernunft ist der vorherrschende Mittelpunkt unserer Zeit. Obwohl die Vernunft der kleinste Punkt im menschlichen leuchtenden Wesen ist, ist er dennoch so etwas, wie der Held der modernen Menschheit. Die Vernunft rettete uns aus früheren Zeiten, als größere, dunklere Mächte das menschliche Leben beherrschten. Die Vernunft etablierte ihre Herrschaft, indem sie die Sprache und das Reden benutzte, um die Bedeutungen der Begriffe träumen, sehen und fühlen abzugrenzen und zu beschneiden. Träumen, Sehen und Fühlen sind Begriffe, die mit gewaltigen Kräften einhergehen und in einer früheren Ära der Menschheitsgeschichte, als sie noch vorherrschten und Vernunft kaum bekannt war, eine viel größere Bedeutung hatten.

Träumen, Sehen und Fühlen sind mit einem viel größeren Punkt verbunden – dem Willen. Wille bezieht sich auf die Fähigkeit des leuchtenden Wesens, mit Bewusstsein in seiner eigenen Domäne zu handeln, in der jedes Wesen als kokonartiges Konglomerat von Energiesträngen erscheint, die bis in die Unendlichkeit reichen. Der Wille handelt mithilfe seiner Tentakel, seiner ureigenen Stränge von bewusster Energie.

Aus der Sicht der Zauberei und aus der Position des Urmenschen war der Wille das vorherrschende Epizentrum, während der Verstand zur Seite gestellt und ignoriert wurde. Wille ist der zentrale Punkt, der das Sein und die Aktivitäten des anderen Selbst, des Träumers, organisiert. Die vom Willen aufrecht erhaltene Welt ist die Welt des anderen Selbst, so wie die Welt, die durch die Vernunft aufrechterhalten wird, die Welt unseres normalen Selbst ist.

Die letzten zwei Punkte sind das Bekannte und das Unbekannte. Diese Punkte sind viel größer als die Summe aller anderen Punkte zusammen. Um das in eine genauere Perspektive zu bringen, wollen wir uns ein Fußballstadion vorstellen, in dem die Vernunft nur das Regelbuch in der Tasche des Schiedsrichters wäre, das Bekannte wäre das gesamte Stadion und das Unbekannte die ganze unendliche Welt außerhalb des Stadions.

Der Ring der Kraft erzählt die Geschichte von Castanedas letzten Tagen mit Don Juan Matus. Am Ende des Buches sind Matus und seine Gruppe alter Zauberer verschwunden und Castaneda ist mit den beiden anderen Lehrlingen Pablito und Nestor von einer Klippe gesprungen.

Für die Beschreibung dieser Ereignisse erläuterte Castaneda die beiden letzten der acht Punkte auf dem Diagramm, die die Gesamtheit des Menschen ausmachen.

Er sagte, dass das Leben eines Menschen aus zwei Seiten besteht, die Matus "das Tonal und das Nagual" nennt. Diese zwei Wörter sollen aus der alten uramerikanischen Kultur stammen; es ist schwierig, exakte englische Wörter zu finden, um sie zu ersetzen. Eine grobe Übersetzung des Tonal ist "das Bekannte" und des Nagual ist "das Unbekannte".

Das Bekannte ist vorübergehend, beginnt bei der Geburt und endet mit dem Tod. Das Unbekannte ist immer da, unendlich. Das Unbekannte ist sich allem bewusst, kann aber nicht sprechen. Das Bekannte kann sprechen, hat aber ein beschränktes, kontrolliertes Bewusstsein; es kann in die allgemeine Richtung des Unbekannten spähen, wenn es dazu aufgefordert wird, ist sich aber normalerweise der Existenz des Unbekannten nicht bewusst.

Das Bekannte geht einen Schritt weiter und leugnet aktiv die Existenz des Unbekannten. Matus sagt: „Die große Kunst des Tonal ist es, jede Manifestation des Nagual so zu unterdrücken, dass selbst, wenn seine Anwesenheit das offensichtlichste Ding der Welt sein sollte, es nicht wahrgenommen wird". Wir sind ständig von der Ewigkeit umgeben, aber wir sind damit beschäftigt, an wichtigere Dinge zu denken.

Das Bekannte ist alles, was wir wissen oder zu wissen glauben, und alles, wofür wir während unserer Lebzeiten ein Wort gelernt haben. Dazu gehören wir als Menschen, unsere Identitäten und all die Dinge, die wir als die Welt identifizieren, einschließlich Gott, der Seele und des Teufels und jedes anderen Konzepts, das wir uns vorstellen können. Das Bekannte stellt seine eigenen Regeln auf, durch die es die Welt erfasst und dadurch die Welt erschafft und aufrechterhält. Ohne das Bekannte gäbe es in unserer Wahrnehmung weder Bedeutung, noch Sprache oder Ordnung. Es gäbe nur Chaos.

Das Bekannte eines empfindungsfähigen Wesens kann man sich am besten als eine kleine Insel vorstellen, die in einem riesigen Universum schwebt, das fast vollständig aus dem Unbekannten besteht. Das Unbekannte dagegen ist ein ganzes Universum aus Macht und Bewusstsein, das ständig handelt und weiß und steuert, aber nicht sagen oder verstehen kann, wer es ist oder was es tut.

Das Unbekannte ist alles, was außerhalb der winzigen Insel des Bekannten existiert. Das Unbekannte ist unvorstellbar riesig. Als Matus seinen Lehrlingen das Thema beibrachte, trugen sie auf einer vierstündigen Wanderung in die Wüste einen kleinen Tisch bei sich. Sie fanden ein Tal und stellten den Tisch auf den Boden, legten Küchengeräten darauf. Dann wanderten sie noch zwei weitere Stunden auf einen nahegelegenen Berg und blickten auf den Tisch hinunter. Er sagte ihnen, dass die Oberfläche des kaum sichtbaren Tisches das Bekannte darstelle, während die Utensilien die Gegenstände unseres Verständnisses wären. Dann ruderte er mit den Armen herum und sagte, dass alles andere das Unbekannte sei.

Das Unbekannte kann nicht in Worten beschrieben werden. Wenn etwas beschrieben werden kann, ist es Teil des Bekannten. Die Auswirkungen des Unbekannten können zwar beobachtet, aber nicht erklärt werden. Du kannst nur darauf hinweisen. Matus behauptet, dass es möglich wäre, das Unbekannte zu betreten und zu bezeugen und sogar seine Macht zu nutzen, aber während Erfahrungen im Unbekannten passieren können und passieren, können sie nicht notwendigerweise beschrieben oder analysiert werden; meistens werden sie nicht einmal erinnert.

Unsere Identität, unsere Persönlichkeit, befindet sich im uns bekannten Teil von uns selbst. Wenn das Bekannte sich bewusst wird, dass es über sich selbst spricht, erfindet es Wörter wie „ich" und „ich selbst". Im Unbekannten besitzen wir keine Identität; wir besitzen nur Macht und Wirkung.

Wenn wir geboren werden und kurze Zeit danach, sind wir alle Unbekanntes. Wir werden mit einer operierenden Welt konfrontiert, die wir erlernen müssen, um sie zu teilen und an ihr teilzuhaben. Unser Bekanntes beginnt, sich mit gewaltigem Arbeitsaufwand zu entwickeln. Wir können uns an diese Anstrengung nicht erinnern, weil es passiert ist, bevor wir unsere Sprache, Identität und Erinnerung entwickelt haben.

Die Bedeutung des Bekannten ist so umfassend, dass wir schließlich vollkommen davon eingenommen werden und vergessen, was vorher war. Wir besitzen noch ein vages Gefühl unseres anderen Selbst, also fangen wir an, in unseren Gedanken Paare zu bilden. Wir denken an Geist und Körper, Materie und Energie, Gott und den Teufel, aber das sind alles Einzelkonzepte, die Teil des Bekannten sind. Alle diese Dinge sind auf irgendeine Weise bekannt, sind Dinge, die an Worte geknüpft sind. Sie schließen jedoch die eigentliche Dualität, aus der unser ganzes Wesen besteht, nicht ein: das Bekannte und das Unbekannte.

Das Unbekannte kann in unserem Leben auftauchen, jedoch nur unbeabsichtigt. Wir können eine solche Begegnung nicht bewusst herbeiführen. Das Unbekannte kann jedoch auftauchen und wenn das passiert, kann sich das Bekannte der Totalität seines Selbst bewusst werden. Normalerweise passiert das nur im Moment des Todes.

In *Der Ring der Kraft* erzählte Castaneda, wie Matus ihn über das Bekannte und Unbekannte belehrt hat und wie das Bekannte unser Leben dominiert, obwohl es im Vergleich zu unserer anderen Seite, dem Unbekannten, schwach ist. Wegen dieser relativen Schwäche muss das Bekannte besonders raffiniert und erfinderisch sein, um die Illusion aufrechtzuerhalten, dass das Unbekannte nicht existiert. Sobald das Unbekannte auftaucht, wird das Bekannte verletzlich.

Alles was über einen kurzen Blick auf das Unbekannte hinausgeht, ist tödlich für das Bekannte und damit für das gesamte Wesen. Wenn das Unbekannte auftaucht, ist es wie ein "böser Hund". Wiederholt schüttete Matus Eimer voll Wasser auf Castaneda, um sein Nagual zurück an seinen Platz zu bringen. Das Tonal muss um jeden Preis geschützt werden. Die Krone muss ihm zwar weggenommen werden, aber es muss stets als beschützender Aufseher bestehen bleiben.'

Das Unbekannte kann nur dann gefahrlos auftauchen, wenn es verwendet wird, um das Bekannten zu bekräftigen. Wenn dies erreicht ist, wird es persönliche Macht genannt. Ohne langes und sorgfältiges Training führt jede Begegnung mit dem Unbekannten zu dem bekannten „Zusammenbruch", was einen schwerwiegenden Schock auslöst. Ohne Training wählt das Bekannte lieber den Tod, als die Kontrolle aufzugeben.

Das Bekannte zu trainieren besteht darin, alle unnötigen

Gegenstände daraus zu entfernen – „die Insel des Tonals zu säubern". Jegliche Gewohnheiten, Gedanken, Überzeugungen und besonders Erinnerungen an Beziehungen, die verhindern würden, dass das Bekannte eine Begegnung mit dem Unbekannten überlebt, müssen bewusst gemacht und losgelassen werden. Ein neuer innerer Dialog muss entwickelt werden, der ein Bewusstsein sowohl des Bekannten als auch des Unbekannten erlaubt.

Der Ring der Kraft schließt mit dem zentralen Akt, auf dem alle Schriften Castanedas aufgehängt sind. Im Jahr 1973 folgte Castaneda zusammen mit Pablito und Nestor, Matus und seiner Gruppe von Schamanen auf ein Hochplateau in den Bergen Mexikos. Am Rande der Hochebene befand sich eine steile Klippe. Diese spezielle Hochebene und die Klippe waren Teil der Geschichte und der Glaubensgrundsätze von Matus Zaubertradition. Im Laufe der Geschichte waren viele Zaubergruppen und ausgebildete Krieger hier zu ihrem ultimativen und letzten Treffen zusammengekommen. Am Ende ihrer Ausbildung sprangen die Lehrlinge von der Klippe. Castaneda tat am Ende von *Der Ring der Kraft* dasselbe.

Die Ereignisse auf dem Plateau markierten den letzten Auftritt von Don Juan und Don Genaro und das Ende von Castanedas Lehrzeit. Natürlich wissen wir, dass der Autor überlebt hat, um diese Geschichte und viele andere in zukünftigen Büchern zu erzählen.

Vor dem Sprung erhielt Castaneda die ‚Erklärung der Zauberer', die verdeutlichte, wie dieser Akt ausgeführt werden könne; wie jemand von einer Klippe springen und überleben könne.

Gemäß dieser Erklärung bestehen wir, wenn wir uns im reinen Unbekannten befinden, aus einer Ansammlung von „Gefühlen, Wesen und Selbsts", die existieren und im

Unbekannten „schweben", ‚wie Barken, friedlich, unverändert, auf ewig'.

Matus Erklärung ging weiter:

„Dann verbindet der Klebstoff des Lebens einige miteinander ... Wenn der Klebstoff des Lebens diese Gefühle zusammenfügt, entsteht ein Wesen, ein Wesen, das den Sinn für seine wahre Natur verliert und geblendet wird vom Schein und vom Lärm des Gebietes, in dem die Wesen schweben, dem Tonal. Das Tonal ist dort, wo die gesamte vereinheitlichte Ordnung existiert. Ein Wesen taucht in das Tonal ein, sobald die Kraft des Lebens alle notwendigen Gefühle verbunden hat ... das Tonal beginnt bei der Geburt und endet beim Tod ... sobald die Lebenskraft den Körper verlässt, brechen alle diese Einzelwahrnehmungen zusammen und gehen wieder dorthin zurück, woher sie gekommen sind, ins Nagual ... beim Tod versacken sie tief und bewegen sich unabhängig, als wären sie nie eine Einheit gewesen."

Es gibt ein Prinzip in der Physik, das besagt, dass Materie weder erschaffen noch zerstört werden kann. Ebenso besteht Castanedas Universum aus Einheiten von Selbst und Gefühlen, die ewig sind. Wenn die Einheiten sich im Unbekannten befinden, schweben sie getrennt voneinander. Um in das Bekannte zu gelangen, werden sie durch die Lebenskraft zu Gruppen zusammengefasst. Wenn das Wesen stirbt, trennen sich die Einheiten wieder und kehren zurück, um wieder im Unbekannten zu schweben.

Als Castaneda von der Klippe sprang, tat er dies als ausgebildeter Krieger, der darauf vorbereitet war, sich absichtlich ins Unbekannte zu wagen. Auf diese Weise in das Unbekannte einzutreten, war wie Sterben, nur dass die einzelnen Einheiten sich nur "erweiterten, ohne den Zusammenhalt zu verlieren". Ein ausgebildeter Krieger könne dann seine Einzelteile in jeder Form, die er kannte, an jedem Ort, den er wählte, wieder herstellen.

Dieser entscheidende Moment in Castanedas Lehre - der Sprung von der Klippe - verursachte einen unvermeidlichen und letzten Konflikt zwischen seiner Vernunft und der Gesamtheit seines Selbst. Matus wies darauf hin, dass die Erklärung der Zauberer sich harmlos, gar charmant anhörte, aber ... sie versetzt einen Schlag, den niemand abwehren kann.

Von der Klippe zu springen war nicht der Abschluss von Castanedas Lehrzeit. Es war nur das Ende seiner Zeit mit seinen Lehrern, die 13 Jahre angedauert hatte. Viele seiner bisherigen Belehrungen hatten im Unbekannen stattgefunden und er konnte sich in seinem normalen Bewusstsein nicht daran erinnern. Die verbleibende Aufgabe des Erinnerns und Integrierens von allem, was er gelernt hatte, begann und dauerte ein weiteres Jahrzehnt und mehr.

7
DAS ANDERE SELBST WIEDERFINDEN

Das fünfte Buch, *Der Zweite Ring der Kraft*, nimmt in der Serie eine entscheidende Position ein und unterscheidet sich von den anderen. Es beinhaltet nur eine durchgehende Erzählung einer Reihe von Ereignissen in chronologischer Reihenfolge. Castaneda kehrte etwa 18 Monate nach dem Sprung von der Klippe nach Mexiko zurück. Mehrere Wochen lang besuchte er seine Mit-Lehrlinge, mit denen er während seiner Zeit mit Matus und Genaro zusammen war. Alle anderen Castaneda-Bücher sind in Kapiteln nach Themen geordnet; Episode für Episode beschäftigen sie sich mit zeitlich und räumlich weit auseinanderliegenden Ereignissen und verwenden Gespräche und Teilerzählungen aus total isolierten Geschehnissen.

Castanedas Sprung von der Klippe am Ende von *Der Ring der Kraft* sollte der Höhepunkt seiner Ausbildung gewesen sein. Er hatte Matus Programm bis zum Ende verfolgt und dann die ultimative Tat vollbracht. Aber das war nicht das Ende. Er hat den Sprung irgendwie überlebt und das Buch *Der Ring der Kraft* geschrieben. Aber dann kehrte er wieder in ein normales Leben zurück. Seine Vernunft und sein gesunder Menschenverstand behaupteten sich. Dann begann er, infrage zu stellen, was, wenn überhaupt, mit ihm passiert war.

Dieses letzte Treffen mit Matus an der Klippe geschah irgendwann 1973. *Der Ring der Kraft* wurde ein Jahr später veröffentlicht. Wie Castaneda überlebte und nach Los Angeles zurückgekehrt war, blieb ein Rätsel. Um zu überleben, musste er die Vernunft besiegen, doch eine detaillierte Beschreibung all dessen, was folgte, nachdem er von der Klippe gesprungen war, erschien erst 25 Jahre später in seinem letzten Buch, *Das Wirken der Unendlichkeit*.

Im Jahr 1973, an der Klippe, forderte Don Juan Castaneda auf, sich von allen anderen Akteuren zu verabschieden. Alle verstanden, dass Don Juan und Don Genaro im selben Moment, in dem Castaneda sprang, die Erde irgendwie verlassen würden, um nie wieder zurückzukehren. Was mit Castaneda nach dem Sprung passieren würde, war völlig unklar. Seine persönliche Kraft würden den Ausschlag geben, ob er überlebte; dann war es seine Entscheidung, ob er zurückkehren wollte, oder nicht.

Castanedas gesunder Menschenverstand setzte sich in seiner Zeit in Los Angeles wieder durch. Als er nach Mexiko zurückkehrte, hatte seine Vernunft das Steuer wieder fest in der Hand. Sein Grund, nach Mexiko zurückzukehren war, Pablito und Nestor über die Ereignisse auf dem Plateau auszufragen und vor allem herauszufinden, ob die Ereignisse tatsächlich stattgefunden haben oder ob alles nur ein Traum oder eine Halluzination gewesen war. Er erinnerte sich zwar, dass Pablito und Nestor ihn zur Klippe begleitet hatten und mit ihm zusammen gesprungen waren, aber er war sich nicht sicher, was dort wirklich geschehen ist.

Bei seiner Ankunft in Mexiko, irgendwann 1974 oder

1975, entdecke Castaneda zu seiner Überraschung, dass es eine viel größere Gruppe von Lehrlingen gab, als er sich vorher bewusst war. Nicht nur Pablito und Nestor, sondern noch ein anderer Mann und eine Gruppe von fünf Frauen erwarteten Castanedas Rückkehr. Sie alle waren, zusammen mit Castaneda, Lehrlinge von Juan Matus und Genaro Flores. Alle erwarteten mit Spannung, dass Castaneda nach Mexiko zurückkehren würde, damit sie ihr gemeinsames Lernen, mit dem Ziel, ihre Fähigkeiten als traditionelle Zaubergruppe zu verbessern, fortsetzen könnten. Sie waren auch darauf vorbereitet, bestimmte Aufgaben und Tests zu erledigen, die Matus für sie hinterlassen hatte. Als Castaneda das erste Mal wieder kam, traf er sofort auf Don Soledad, die er als Pablitos Mutter kannte (wie im ersten Kapitel beschrieben).

In seinen früheren Büchern erwähnte Castaneda eine Gruppe von Frauen, aber fälschlicherweise glaubte er, dass sie Zuschauer oder Familienmitglieder waren. Tatsächlich waren Sie Teil des Studentenkreises, den Don Juan ausgewählt hatte, um Castaneda, Pablito und Nestor zu begleiten. Interaktionen zwischen den Frauen und ihm waren sehr eingeschränkt und kontrolliert. Sie konspirierten mit Don Juan und Don Genaro, um ihre Teilnahme an Castanedas Lehre zu verheimlichen. Die Tatsache, dass alle Teil der gemeinsamen Ausbildung waren, war von Matus vor Castaneda geheim gehalten worden.

Nun erfahren wir, dass Matus zwei männliche Lehrlinge (Castaneda und Eligio) und fünf weibliche Lehrlinge (Lidia, Josefina, Elena, Rosa und Soledad) "ausgemacht", also entdeckt und bestimmt hat. Die Frauen lebten bei Pablito und agierten als seine Schwestern. Don Genaro hatte drei männliche Lehrlinge ausgemacht: Pablito, Nestor und Benigno.

Dies ist die erste von mehreren Re-Interpretationen der bahnbrechenden Ereignisse, die sich zwischen 1960 und 1973 zwischen Castaneda und Matus zugetragen haben. Wir können diese auf verschiedene Weisen betrachten. Es könnte nur ein hollywoodesker Versuch gewesen sein, Fortsetzungen zu kreieren. Der Herausgeber und der Autor haben vielleicht beschlossen, einen Weg zu finden, mehr Stoff in die Bücher hineinzupumpen, obwohl die Geschichte eigentlich zu Ende war; geh einfach immer wieder auf dieselben Fakten ein, aber füge Material hinzu, das angeblich vorher ignoriert wurde. Es könnte eine literarische Strategie sein, neue Mitwisser einzuführen, deren Informationen und Erinnerungen ein anderes Licht auf Fakten und Perspektiven werfen, die vorher nicht wahrgenommen wurden.

Oder drittens könnte es eine Hypothese über das Gedächtnis selbst eröffnen, die es ermöglicht, in die Erinnerung zurückzukehren, um scheinbar unbekannte Dinge zu entdecken, die tatsächlich stattgefunden haben. Ereignisse waren im Gedächtnis gespeichert, obwohl sie, als sie passierten, nicht als Ereignisse wahrgenommen wurden.

Das ist Castanedas Absicht: neu zu definieren, wie wir erfahrene Ereignisse wahrnehmen und uns daran erinnern können. Aufgrund der dualen Natur unseres Bewusstseins wählen wir Teile der Erfahrung aus, um sich ihrer bewusst zu sein und sich ihrer bewusst zu erinnern. Alle anderen Aspekte unserer Erfahrungen werden ignoriert und vergessen. Diese vergessenen Elemente werden jedoch irgendwo in unserem leuchtenden Wesen gespeichert und können später wiederhergestellt werden.

Jedes neue Buch führte fortan neue Charaktere oder Ereignisse aus der Lehrzeit 1960 - 1973 ein. Wenn Castanedas Theorie der Erinnerung stimmt, ist es möglich, dass unsere leuchtenden Wesen Erinnerungen an Ereignisse und Menschen enthalten, die während der ursprünglichen Erfahrung ignoriert und vergessen wurden, aber irgendwo gespeichert wurden, um sich später an sie zu erinnern. Ereignisse, die nicht als real durchgehen, werden zu der Zeit verworfen, sind aber als tiefe Erinnerungen gespeichert, die wieder auftauchen können. Die totale Ansammlung dieser tiefen Erinnerungen kann größer sein, als die Summe all dessen, was wir in unserem Leben für die wahren Erinnerungen halten.

Castaneda kehrte nach Mexiko zurück, um nach Erklärungen über Don Juan und Don Genaro zu suchen und um zu bestätigen, was mit ihm geschehen war . Stattdessen fand er sich in einem primitiven Schamanenkampf um die Macht unter den Lehrlingen. Gleich nach seiner Ankunft in Mexiko geriet er in ein tödliches Gefecht mit Dona Soledad (wie im ersten Kapitel beschrieben). Bevor er realisierte, in was er sich hineinbegeben hatte, hatte sie ihm schon ihr Haarband um den Hals geschlungen und würgte ihn. Castaneda spürte einen Schauder, als sich ein Teil von ihm über die Szene erhob. Er sah sich, ermordet werdend, aus einer scheinbar abgetrennten Position. In einem Wutanfall schlug dieser Teil von ihm Dona Soledad auf die Stirn, was dazu führte, dass sie ihren tödlichen Griff auf seinen Körper löste. Ein geisterhafter Teil von ihr flog davon und kauerte in der Ecke des Raumes "wie ein erschrecktes Kind".

Matus hatte die anderen Lehrlinge darauf vorbereitet und sie angewiesen, Castaneda nachzustellen und zu töten, angeblich, um seine Macht zu stehlen. Castaneda selbst hatte sie gebeten, das zu tun, es aber vergessen. Einige Jahre zuvor hatte sich Castaneda in einem Zustand erhöhter Aufmerksamkeit beklagt, dass er genau wusste, dass er wieder in sein normales Bewusstsein zurückkehren und vergessen würde, dass sein neues Bewusstsein überhaupt existierte. Er bat Don Juan und die anderen Lehrlinge, ihn lieber zu töten, als ihn in Unwissenheit zu lassen, wenn das passierte. Sie schworen, das zu tun, was Castaneda jedoch vergessen hatte.

Matus wusste, dass Castaneda mit seinem Verstand fest unter Kontrolle nach Mexiko zurückkehren würde, was bedeutete, dass sein Wissen über die Zauberei verloren gegangen war. Weil Castaneda darum gebeten hatte, wies Matus die anderen Lehrlinge an und bereitete sie darauf vor, ihn herauszufordern, wohl wissend, dass permanenter Erkenntnisgewinn nur in Situationen auf Leben und Tod erreicht werden kann.

Die Prüfung für Castaneda war, ob seine Vernunft sich durchsetzen würde. Wenn das so wäre, würde er die Herausforderung ablehnen, besiegt werden und sterben. Wenn seine Vernunft aber die Kontrolle aufgab, konnten seine Zauberkräfte an die Oberfläche treten, um ihn zu beschützen, was sein Zauberertraining bekräftigen und vorantreiben würde.

Castaneda bestand die Tests. Immer wieder tauchte seine Macht auf und er überlebte und verletzte die anderen Lehrlinge sogar ernsthaft. Er heilte dann ihre Wunden, was ihn als ihren Anführer bestätigte. Laut den Anweisungen, die Matus für sie hinterlassen hatte, wurden sie beauftragt, einander zu helfen, die nötige Kraft und das nötige Wissen zu erlangen, um in die "andere Welt" einzugehen, in die Matus und Genaro gegangen waren. Sie brauchten Castaneda und erwarteten, dass er sie anführte.

*****

Als Juan Matus Castaneda zum ersten Mal begegnete und ihn zu seinem Nachfolger erklärte, dem er sein Wissen vermachen wollte, versammelte er gleichzeitig die Gruppe der fünf Frauen und drei Männer, um sich ihm anzuschließen und ihn zu unterstützen. Die Entwicklung eines Zauberers ist zu beschwerlich und gefährlich, um sie alleine zu bewältigen. Genau wie Castaneda seine originelle Geschichte über das erste Treffen mit Juan Matus hatte, hatten alle anderen Zauberlehrlinge fesselnde Geschichten über ihre ersten Begegnungen mit der Welt der Zauberer und die Übergänge aus ihren früheren Leben.

Die fünf Frauen waren als die "kleinen Schwestern" bekannt. Matus fand Lidia und Josefina beim Besuch in kleinen Bergdörfern. Lidia war, total krank, in einer Scheune isoliert. Genaro nahm sie in sein Haus auf und sorgte für sie. Matus fand Josefina beim Besuch eines Heilers. Sie war bekannt als ein verrücktes Mädchen, das die ganze Zeit nur weinte und ihre Familie war froh, sie Don Juan zu überlassen, als er anbot, sie zu heilen. Rosa lief Matus in die Arme, als sie einem Schwein auf einer Landstraße nachjagte, und fing an, ihn anzuschreien. Zauberer sollen nicht versehentlich mit Menschen zusammenstoßen, deshalb betrachtete Matus ihre Begegnung als ein Omen. Er schrie sie auch an und forderte sie auf, alles fallen zu lassen und sich ihm anzuschließen, wenn er mittags die Gegend verließe und das tat sie.

Elena hatte zwei Töchter mit einem gewalttätigen Ehemann und wurde fett. Ein anderer Mann lockte sie in eine fremde Stadt, schwängerte sie wieder und zwang sie, mit dem kranken Baby im Arm, auf der Straße zu betteln. Als sie weglief und zurückging, um nach ihren beiden anderen Töchtern zu suchen, steinigte die Familie ihres ersten Mannes sie und ließ sie als tot liegen. Sie traf Pablito beim Trampen und er nahm sie mit, sie arbeitete in seiner Wäscherei, wo Matus sie fand. Sie nannten sie La Gorda - das dicke Mädchen.

Dona Soledad war nicht unbedingt ein Mitglied der Gruppe. Sie war ursprünglich bekannt als Manuelita und trat als Pablitos Mutter auf. Da Zauberei in Mexiko damals tabu und daher gefährlich war, mussten sich die Lehrlinge aufwendige Schliche einfallen lassen, um zu verbergen, was sie taten. Deshalb lebten sie in einem Haus zusammen und traten als Familie auf. Sie spielten ihre Rollen mit großem Eifer, denn auch dies war eine Disziplin der Zauberer, genannt "Pirschen", die später beschrieben wird.

Laut Matus sind Frauen bessere Zauberer als Männer. Frauen haben es viel leichter, aus ihrem früheren Leben zu verschwinden, weil ihre Familien in traditionellen Gesellschaften nicht davon abhängig sind, dass sie den Familiennamen oder das Geschäft weiterzuführen. Sie können, im Gegensatz zu Männern, deren Familien sie normalerweise nicht so leicht gehen lassen, leicht verschwinden.

Laut Pablito waren alle Frauen von Castanedas Gruppe in Schwierigkeiten, als sie Matus trafen. Die männlichen Lehrlinge, die als "die Genaros" bekannt waren, lebten ein normales Leben, "gesund und lebendig und glücklich".

Während Pablito auf einem Markt arbeitete verliebte er sich in ein Mädchen, das in seiner Nähe arbeitete. Er baute einen Verkaufsstand für ihre Familie mit einem versteckten Raum, in dem sich die beiden Liebenden verstecken und sich heimlich lieben konnten. Genaro und Matus sahen den Stand jeden Tag wackeln und jagten ihn heraus. Als Pablito realisierte, wie stark Don Juan war, heuerte er ihn als Arbeiter an und Matus spielte mit. Dann erzählte Genaro ihm, dass Matus nur wegen eines geheimen Tranks, den er herstellen konnte, so stark war, und überzeugte Pablito, ein gemeinsames Geschäft zu beginnen.

Benigno war einer von fünf jungen Männern, die Castaneda und Matus auf einem ihrer Wanderungen in der

Wüste trafen. Eligio lebte in der Nähe und kannte Matus von Kindheit an. Als er von dem amerikanischen Lehrling (Castaneda) hörte, kam er zu Matus Haus, und zwar genau an dem Tag, an dem Matus seinem Enkel Peyote geben wollte. Anstatt seinen Enkel an die Angel zu nehmen, bekam Matus Eligio. Eligio stellte eine sofortige Verbindung zur Welt der Zauberer her und galt daher nicht als Lehrling in der Ausbildung. Nestor war ein Heiler, der Kräuter von Don Genaro kaufte. Als er Genaro in die Berge folgte und versuchte, die Quelle seines Lieferanten zu entdecken, wurde er vom Blitz getroffen und musste von Genaro geheilt werden.

*****

Die acht Lehrlinge, die jetzt als Castanedas Gefolge akzeptiert wurden, führten eine Reihe von Treffen durch, um sich gegenseitig ihre jeweiligen Künste vorzuführen. Sie hofften, eine traditionelle Zauberergruppe zu gründen.

Die Frauen führten eine Reihe von Aktionen durch, bei denen sie reine Energiebälle wurden. Sie griffen nach den Energielinien und nutzten sie, um zu springen, zu fliegen oder sich dahinter zu verstecken. Castaneda sah zu, aber genau wie bei Genaro Flores Vorführung am Wasserfall nahm er nur ihre menschlichen Bilder wahr, die unmögliche akrobatische Kunststücke aufführten. Seine Vernunft setzte sich wieder durch und hinderte ihn am Sehen.

Das war äußerst frustrierend für die jungen Lehrlinge der Gruppe. Castaneda sollte ihr beispielgebender Anführer sein, aber er benahm sich weiter wie ein Anfänger oder, schlimmer noch, wie ein totaler Außenseiter. Nach langem Kampf akzeptierten sie widerwillig seine Beschränktheit. Obwohl seine Kräfte bei einem Kampf auf Leben oder Tod hervortreten konnten, konnte er seine Fähigkeit zu Sehen nicht aufrechterhalten, daher war es klar, dass er ihre Gruppe nicht anführen konnte. Das bedeutete, dass sie bei ihren Aufgaben nicht weiterkommen würden und ihr ganzes bisheriges Training nutzlos war.

Schließlich vergaben sie Castaneda bei einer dramatischen Machtprobe und stellten ihre Erwartungen zurück. In diesem Moment gingen plötzlich Castanedas Ohren auf. Er erinnerte sich auf einmal an Ereignisse, die er zuvor erlebt hatte. In dieser neuen Erinnerung sah er die reinen Energiebälle und Energielinien, mithilfe derer die Frauen ihre Magie ausgeführt hatten. Er konnte sie zum ersten Mal Sehen, anstatt sie nur anzuschauen.

Castanedas Kampf offenbarte das zentrale Paradoxon der Wahrnehmung. In dem zweistufigen Prozess, der die Wahrnehmung einschließt, in der wir uns ständig erinnern, haben wir zwei getrennte Sätze von wahrgenommenen Daten, doch wir entscheiden uns, nur einen davon zu sehen und uns daran zu erinnern.

Wie Castaneda sagte, war er zu faul, sich zu erinnern, was er gesehen hatte; darum kümmerte er sich nur um das, was er angeschaut hatte … ‚Es ist schwer zu glauben, dass ich mich plötzlich an etwas erinnern konnte, an das ich mich vor einer Weile überhaupt nicht erinnerte.'

Er kam zu dem Schluss, dass wir alle gleichzeitig schauen und sehen, aber „wir wählen, das, was wir sehen, nicht zu erinnern,". In dem zweistufigen Prozess der Wahrnehmung sehen wir zwar zuerst, aber ignorieren sofort, was wir sehen, um uns nur auf das zu konzentrieren, was wir anschauen können. Dieser Akt der Wahrnehmung ist ‚der Kern unseres Seins'.

Wenn wir aufwachsen, entwickeln wir unsere Aufmerksamkeit. Aufmerksamkeit ist die Fähigkeit, ‚die Bilder der Welt festzuhalten'. Sobald wir die vereinbarte Welt wahrnehmen und festhalten können, wird unsere Wahrnehmung ein sich ständig wiederholenden zweistufigen Prozess, der immer die gleichen Wesen in derselben Welt hervorbringt.

Der erste Schritt ist der grobe Akt der Wahrnehmung, in dem der Kokon bewusster Energie mit anderer bewusster Energie interagiert. Der zweite Schritt ist unsere magische Fähigkeit, die primäre Wahrnehmung beiseite zu legen und dann die vertrauten Bilder unserer normalen Welt auf das zu projizieren, was wir sehen. So nehmen wir immer die vereinbarten Bilder unserer normalen Welt wahr, die Welt, auf die wir uns geeinigt haben, ist real. Wir tun das zusammen mit anderen, die dasselbe gelernt haben. Wir alle bestreiten mit Nachdruck, dass andeer Dinge überhaupt möglich wären.

Wenn sich der Montagepunkt in einer Position innerhalb des Kokons fixiert und die Energie, die durch ihn durchfließt, ausrichtet, ist das Ergebnis ein Traum. Wir sind alle Träumer, die zusammen träumen. Dieser Akt der Magie ist der grundlegende Akt für alle empfindsamen Wesen. Jede Spezies und jede Wesensheit tut das Gleiche. Wir werden als Wahrnehmende geboren, die an einem bestimmten Ort in das Sein geführt wurden, sind jedoch fähig, viele Welten wahrzunehmen. Wir lernen, eine Welt als exklusiv, intensiv und so vollständig wie möglich, wahrzunehmen. Um die Bilder der vereinbarten Welt festzuhalten, denken wir ständig darüber nach und reden immer wieder darüber, wir erweitern und vertiefen so unser Verständnis unserer projizierten Welt und nennen dies Intelligenz.

Die exklusive Wahrnehmung der gewöhnlichen Welt wird schon in der Kindheit, gar nicht lange nach der Geburt, erreicht. Wir halten unseren Fokus während des gesamten Lebens durch konstante Anstrengung stabil. Normalerweise sind wir uns der Anstrengung, die unsere Welt zusammenhält, nicht bewusst, ebenso wenig, wie wir uns des autonomen Nervensystems bewusst sind, das unseren Körper in Gang hält.

Wir engagieren und verfangen uns in der vereinbarten Welt durch Sprache, Bilder und Symbole. Damit erzeugen wir einen ständigen Strom von innerem und äußerem Dialog, durch den wir unser Bewusstsein für unsere Welt, aufrechterhalten und ständig erneuern. Diese bewusste und unbewusste Aufrechterhaltung unserer Aufmerksamkeit monopolisiert unsere Energie und lässt nichts übrig.

Eine andere Art, diesen Prozess zu beschreiben ist, zu sagen, dass es zwei Arten von Aufmerksamkeit gibt. Die "erste Aufmerksamkeit" ist unser Bewusstsein für die vereinbarte reale Welt. Diese Aufmerksamkeit hatten wir bei der Geburt noch nicht. Sie musste erst entwickelt werden. Wir haben sehr früh im Leben gelernt, wie wir die Bilder der vereinbarten realen Welt festhalten können und nachdem wir angefangen hatten, uns damit zu beschäftigt, wurde uns beigebracht, sie niemals infrage zu stellen. Wir haben uns in den "Ring der Kraft" eingehakt, der uns vollständig mit dieser Welt verbunden hat. All unsere Energie und unser komplettes Selbstverständnis wurden diesem Ring der Kraft zugewiesen.

Die erste Aufmerksamkeit konzentriert sich auf das Bekannte. Die ‚zweite Aufmerksamkeit' ist die Aufmerksamkeit des Unbekannten, die wir aus unserem Bewusstsein ausschließen. Kurz vor dem Moment des Todes bewirkt der Verlust der Lebensenergie, dass der zweistufige Wahrnehmungsprozess aufhört. Die zweite Aufmerksamkeit taucht dann auf, zusammen mit all den verborgenen Erinnerungen, die darin enthalten sind, und ein unerklärliches Universum wird uns offenbart.

Es gibt einen Weg, die zweite Aufmerksamkeit auch zu Lebzeiten zu erreichen, indem man die drei dazwischenliegenden Prozesse des Acht-Punkte-Diagramms nutzt: träumen, sehen und fühlen.

So wie es keine Standardschritte gab, um die erste Aufmerksamkeit in der Kindheit zu erreichen, gibt es auch keine für die zweite Aufmerksamkeit. Es muss mit großer Anstrengung getan werden, geboren aus einer klaren und beharrlichen Absicht, dorthin zu gelangen. Es muss eine Angelegenheit auf Leben und Tod sein, deshalb hat Matus den Lehrlingen aufgetragen, Castaneda zu töten. Ohne den Anstoß einer Situation auf Leben oder Tod erreichen Menschen die zweite Aufmerksamkeit nicht.

8
ZUSAMMEN TRÄUMEN

Weil es sich um eine Bücherreihe handelt, stellte sich Castaneda zu Beginn jedes folgenden Buches neu vor und wiederholt das vorherige Material, um Fortsetzungsleser daran zu erinnern, wo sie aufgehört haben und Neueinsteiger auf den neuesten Stand zu bringen. Er benutzte diese Wiederholungen auch, um zu erklären, wie sich sein Verständnis von Matus Lehren im Laufe der Zeit veränderte.

Im Prolog zu seinem sechsten Buch, *Die Kunst des Pirschens*, das 1981 erstveröffentlicht wurde, definierte Castaneda einige von Matus Begriffen neu. Er erklärte, dass er seine Beziehung zu Matus als Anthropologe begonnen habe, der den Gebrauch von psychedelischen Pflanzen studierte. Danach änderte sich sein Verständnis und er betrachtete sich als jemand, dem die Zauberei beigebracht wurde. Irgendwann erfuhr er, dass Matus und Genaro keine wirklichen Zauberer waren; Sie waren "Praktizierende eines uralten Wissens", das zwar mit Zauberei zu tun hatte, aber nicht mehr dasselbe war, wie die Zauberei der Vergangenheit. Castaneda hat sich von einem Intellektuellen, der anthropologische Phänomene studierte, in einen Mitwirkenden verwandelt. An diesem Punkt haben sich seine Werke in eine Autobiografie verwandelt. Er versicherte dem Leser, dass seine Abenteuer ‚keine Fiktion' wären; sie erscheinen nur irreal, weil sie uns so fremd sind.

* * * * *

Das vorherige Buch, *Der zweite Ring der Kraft*, zeigte, wie Castaneda gezwungen wurde, durch Kämpfe auf Leben oder Tod, von der ersten in die zweite Aufmerksamkeit überzugehen. *Die Kunst des Pirschens* handelt vom nächsten Schritt: sich ohne den Anstoß einer lebensgefährlichen Begegnung von der ersten in die zweite Aufmerksamkeit zu gegeben. Dieses Buch beschreibt Techniken, um absichtlich von der ersten in die zweite Aufmerksamkeit zu wechseln, sobald eine Veranlassung dazu besteht.

Die Aufteilung des menschlichen Bewusstseins in die erste und zweite Aufmerksamkeit ist weder eine Abweichung noch eine Verfälschung. Es spiegelt die Teilung des Bewusstseins im Universum wider. Überall gibt es eine grundlegende Paarung von Gegensätzen, in Form des Tonal und des Nagual, des Bekannten und des Unbekannten.

Das menschlich-Bekannte besteht aus allem, was wir als Teil unseres Lebens betrachten, alles, woran wir uns erinnern und alles, was unser Intellekt erfassen kann. Es wird durch unsere Sinne und unsere Sprache definiert und hauptsächlich von der Vernunft regiert. Das Bewusstsein des Bekannten wird die „erste Aufmerksamkeit" genannt; Ein anderer Name ist „das Bewusstsein der rechten Seite".

Obwohl das Bewusstsein des Unbekannten ursprünglicher ist, in dem Sinne, dass es schon bei unserer Geburt vorhanden war, wird es die zweite Aufmerksamkeit genannt, weil es wieder erlernt werden muss, nachdem wir schon Meister der ersten Aufmerksamkeit waren. Die zweite

Aufmerksamkeit wird auch als „das Bewusstsein der linken Seite" bezeichnet. Das Bewusstsein der linken Seite ist das Bewusstsein des Unbekannten, wenn wir mit dem unendlichen Ozean des Bewusstseins in Berührung kommen. Es ist ein Bereich unbeschreiblicher Besonderheiten: ein Bereich, den man nicht in Worte fassen kann. Im Unbekannten nehmen wir mit unserem gesamten Wesen wahr. Das Unbekannte wird nicht von der Vernunft beeinträchtigt. Es ist jenseits der Sprache und kann nicht mit Worten beschrieben werden.

Vernunft und Sprache umfassen nur einen kleinen Teil der Gesamtheit unseres Selbst. Im anderen Teil, der viel größer ist, existiert eine andere Art von Wissen, ohne Vernunft und Sprache.

Das Bewusstsein der linken Seite kennt die rechte Seite, aber die rechte Seite, in der wir normalerweise unser Leben verbringen, ist sich der linken Seite üblicherweise nicht bewusst. Wenn wir je auf die linke Seite gelangen, werden wir alles, was uns dort passiert ist, vergessen, sobald wir auf die rechte Seite zurückkehren. Wie ein Betrunkener am Morgen danach oder ein Patient in Hypnose-Therapie oder in Narkose; es können Dinge passiert sein und Zeiträume sich aufgetan haben, in denen etwas wie ein Vorhang hochgezogen wurde. Bilder und Einzelheiten fehlen im Gedächtnis und es kann sehr mühsam sein, sich zu erinnern. Normalerweise ist es unmöglich, sich zu erinnern, es sei denn, jemand anderes war dabei und kann uns später helfen, unser Gedächtnis anzuregen, oder jemand kann uns durch eine Schlussfolgerung helfen, nahe genug herranzukommen, sodass dazugehörige Details die Erinnerungen auslösen.

Eigentlich ist die Erinnerung das Hauptthema der gesamten Castaneda-Werke. Erinnerungen, nicht Halluzinogene, sind der Schlüssel zu anderen Bewusstseinszuständen. Doch Erinnerung ist nicht das, was wir glauben. Unser normales Gedächtnis ist mehr wie eine Verweigerung der Erinnerung; es ist nur eine kleine selektive Erinnerung an ein paar Dinge, die unsere Rationalität und Identität als Brennpunkt gewählt haben. Ein zusätzliches, großes Reservoir davon existiert dort, wo sich die Erinnerungen des anderen Selbst in der zweiten Aufmerksamkeit befinden. Der leuchtende Körper speichert Erinnerungen vom Moment der Geburt an; sie sind Teil des anderen Selbst, unakzeptierbar für die erste Aufmerksamkeit und das normale Selbst.

Die zweite Aufmerksamkeit, auch bekannt als das andere Selbst, die linke Seite oder das Unbekannte, ist sich der ersten Aufmerksamkeit, also des normalen Selbst, der rechte Seite oder des Bekannten, bewusst. Doch die erste Aufmerksamkeit, die rechte Seite, ist sich der linken Seite nicht bewusst. Unsere Aufgabe besteht darin, die erste Aufmerksamkeit dazu zu bringen, die Existenz der zweiten Aufmerksamkeit zu akzeptieren und sich an die Gesamtheit des Selbst zu erinnern.

Bewusstsein ist in drei ungleiche Teile aufgeteilt. Das kleinste davon ist die erste Aufmerksamkeit, die bekannte Welt und der physische Körper, mit der alltägliche Aufmerksamkeit, die nötig ist, um mit dem ganz normalen Leben fertig zu werden.

Die zweite Aufmerksamkeit ist ein viel größerer Bereich. Es bleibt den größten unseres Lebens im Hintergrund und tritt nur durch Träumen, medizinische oder chemische Intervention oder ein gezieltes Training an die Oberfläche. Die zweite Aufmerksamkeit offenbart sich uns allen im Tod, wenn die erste Aufmerksamkeit nicht mehr genug Energie hat, die Illusion aufrechtzuerhalten. Die zweite Aufmerksamkeit umfasst alle unsere verleugneten Wahrnehmungen und gespeicherten Erinnerungen, sowie das Bewusstsein und die Erinnerung an uns selbst und andere als leuchtende Kokons.

Unser Leben in der ersten Aufmerksamkeit besteht aus Herausforderungen, die uns in die zweite Aufmerksamkeit führen sollen. Die zweite Aufmerksamkeit ist das Schlachtfeld, um die größte und letzte, die dritte Aufmerksamkeit, zu erreichen. Die dritte Aufmerksamkeit wird in Castanedas Werke nicht beschrieben; Matus zufolge ist sie das, wohin Genaro und er in dem Moment gingen, als Castaneda von der Klippe sprang.

* * * * *

Die Schilderungen aus dem vorherigen Buch setzten sich in *Die Kunst des Pirschens* fort. Castaneda und die acht anderen Lehrlinge standen sich weiterhin in einem Machtkampf gegenüber. Die anderen erwarteten, dass Castaneda als ihr Anführer auftrat, aber nach und nach, als er sie wiederholt enttäuschte, entdeckten sie, dass er sich auf einem anderen Weg befand. Jedes Mal, wenn sie einander mit ihren jeweiligen Kräften herausforderten, sammelte Castaneda sich, um sein eigenes Leben zu schützen, indem er sie verletzte. Allmählich führten seine Bemühungen die gesamte Gruppe zu einem Haus in einer anderen Stadt in Zentralmexiko, wo sie alle auf mächtige, aber scheinbar völlig unmögliche, Erinnerungen stießen.

Sie erinnerten sich irgendwie, viel Zeit in diesem Haus verbracht zu haben, und merkten allmählich, dass es neben Matus und Genaro noch einen anderen Lehrer gab, der sie anleitete und dass dies sein Haus war. Sein Name war Silvio Manuel. Manuel hatte sie auch in diesem Haus unterrichtet, aber sie erinnerten sich nicht an ihn. Sie folgerten, dass sie sich, jedes Mal, wenn sie mit Manuel zusammentrafen, in der zweiten Aufmerksamkeit befunden hatten, daher war alles Bewusstsein von ihm vergessen.

Sie fanden durch eine Kombination von Schlussfolgerungen und Erinnerungen heraus, dass Matus und Genaro absichtlich oft mit Castaneda und den jungen Lehrlingen in ihrer normalen ersten Aufmerksamkeit zusammen waren. Aber es gab auch eine ältere Gruppe von Zauberern um Matus, an die die jüngere Gruppe keine Erinnerung hatte. Sie trafen sie gelegentlich, aber ausschließlich in der zweiten Aufmerksamkeit; in ihrer ersten Aufmerksamkeit existierten an diese Gruppe keine Erinnerungen.

Als Lehrstrategie ließen die älteren Zauberer die Lehrlinge nur in der zweiten Aufmerksamkeit Zeuge von Ereignissen werden und Erklärungen von der größeren Gruppe von Lehrern zu akzeptierten. Die Lehrlinge begegneten diesen Lehrern niemals in der ersten Aufmerksamkeit oder hörten gar die Erwähnung von Namen der alten Lehrer in der ersten Aufmerksamkeit. Ihre schiere Existenz war den jungen Lehrlingen im normalen täglichen Bewusstsein völlig unbekannt.

Wenn die Ereignisse und Belehrungen der größeren Gruppe von Lehrern in der ersten Aufmerksamkeit stattgefunden hätten, wäre die Vernunft dazwischengekommen, die alles abgelehnt oder verleugnet hätte, was sie nicht für wahr und überprüfbar hielt. Indem die alten Zauberer die Lehrlinge in der zweiten Aufmerksamkeit unterrichteten, vermittelten sie ihr Wissen direkt an die Schüler, und zwar in einem Geisteszustand, in dem sie alles sofort verstanden und akzeptierten. In diesem Geisteszustand wurden die Lehren direkt erfahren und dann, ohne Einmischung der Vernunft, in der Erinnerung gespeichert. Auch wenn die Lehren vergessen waren, wurden sie dennoch getreulich im leuchtenden Energiekörper gespeichert.

Die Lehrlinge wurden dann alleine in der ersten Aufmerksamkeit zurückgelassen, mit der scheinbar unlösbaren Aufgabe, sich zu erinnern, was sie gelernt hatten, wie ein Subjekt der Hypnose, das sich zu erinnern versucht, was während der Hypnose passiert war. Die Herausforderung, der die Schüler durch diese Lehrmethode ausgesetzt waren, ist die Herausforderung, die wir alle bewältigen müssen, um die Gesamtheit unseres Selbst wiederherzustellen.

Die Lehrlinge erinnerten sich, dass Castaneda eine besondere Beziehung zu Silvio Manuel hatte; tatsächlich war er schwer verletzt gewesen, und Manuel rettete ihm das Leben. Sie vermuteten, dass Manuel Castaneda auf eine Weise versklavt hatte und Castaneda nun versuchte, auch sie der Reihe nach zu versklaven. Diese und andere verwirrende Erinnerungen enthüllten allen, dass sie nicht zusammengehörten. Ihre Wege trennten sich abrupt und endgültig, bis auf eine Frau, La Gorda, die weiterhin Zeit mit Castaneda verbrachte. Er verließ die Gruppe und kehrte nach Los Angeles zurück. Später traf er allein mit La Gorda in Arizona zusammen.

*****

Diese Neuausrichtung, die Trennung von den jungen Lehrlingen, führte zu einem neuen Lernzyklus, in dem Castaneda und La Gorda in Arizona und Los Angeles gleichberechtigt zusammenarbeiteten. Sie erforschten eine neue Welt, die sie durch Schlussfolgerungen öffneten und dann in ihren Träumen erforschten.

Der einzige Weg für die erste Aufmerksamkeit, sich an die zweite Aufmerksamkeit zu erinnern, ist das Träumen. Weil sie Erfahrungen in der zweiten Aufmerksamkeit geteilt hatten, nahmen sie an, dass sie gemeinsam träumen konnten und sich dadurch gemeinsam an die Dinge erinnern würden.

Um gemeinsam zu träumen, mussten sie zur gleichen Zeit einschlafen, jedoch nicht unbedingt am selben Ort. Sie wussten, dass ihre Lehrer über das miteinander Träumen gesprochen hatten; es passierte spontan, wenn eine gemeinsame Absicht bestand. Da jeder von ihnen bereits die Grundlagen des Träumens gelernt hatte - was in Castanedas späterem Buch "Die Kunst des Träumens" näher dargelegt wurde - fanden sie allmählich heraus, wie sie sich in gemeinsamen Träumen treffen, diese Träume gemeinsam erkunden und Erinnerungen aufdecken konnten, die sie hatten, während sie sich im anderen Selbst befanden.

Gemäß Castaneda rekapitulierten er und La Gorda gemeinsam; etwas, das alle Menschen als Kinder tun, wenn sie lernen, sich der Welt anzuschließen, die ihre Älteren ihnen vermittelten. Der leuchtende Kokon träumt auf natürliche und spontane Weise mit anderen Kokons, was bedeutet, dass sie ihre Montagepunkte spontan an die gleiche Stelle verschieben. Die Teilnehmer können sich dann über den Inhalt ihrer gemeinsamen Welt einigen, was sie für sie real macht. Zusammen träumen ist, was wir tun, wenn wir uns irgendeiner Welt anschließen; es ist auch die Methode, die Don Juans Seher verwendeten, um an Informationen und Erinnerungen, die in der zweiten Aufmerksamkeit gespeichert wurden, heranzukommen.

Ziel des ersten Teils von Don Juans Zaubertraining war es, unter den Lehrlingen gemeinsame Erinnerungen in der zweiten Aufmerksamkeit zu schaffen. Castaneda und La Gorda wussten, dass sie dieselben gemeinsamen, aber verborgenen Erinnerungen hatten, weil sie wussten, dass Don Juan es so arrangiert hatte. Sobald sie sich in einem gemeinsamen Traum wiederfanden, wurde er dadurch, dass sie ihn gemeinsam erforschten, für sie real; real bedeutet in diesem Fall, dass sie sich darüber einig waren. Sobald dieser gemeinsame Traum Wirklichkeit wurde, wurde er Teil der ersten Aufmerksamkeit und deshalb in Erinnerung behalten. Diese Tatsache konnte dann eine Flut von anderen, verwandten Erinnerungen, auslösen.

In ihren geimeinsamen Träumen trafen sich Castaneda und La Gorda in einer gemeinsamen, jedoch vergessenen Erinnerung, in der sie sich in einem großen Haus in Mexiko mit einer großen Gruppe von Zauberern, einschließlich Matus und Genaro, befanden. Erinnerungen werden in sehr genauen Positionen des Montagepunkts gespeichert. Indem sie sich im Traum trafen, fixierten sie spontan die genau gleiche Position des Montagepunktes. Dann teilten sie das Bewusstsein dieser Erinnerung, wie es sich in der Wiederholung entfaltete. Erinnerungen, die zuvor verloren gegangen waren, lebten wieder auf. Laut Castaneda können Erinnerungen, die auf diese Weise erlangt wurden, mit größerer Klarheit und Intensität wieder erlebt werden, als die ursprüngliche Erfahrung.

Castaneda und La Gorda erinnerten sich, dass Matus und Genaro nicht allein, sondern Teil einer großen Gruppe von Zauberern waren und dass Castaneda und La Gorda, sowie die anderen Lehrlinge, oft mit dieser Gruppe zusammen gewesen sind. Aber wer waren diese Leute? Was ist geschehen? Wie konnten sie das vergessen haben?

An diesem Punkt in der fortlaufenden Erzählung entdeckte Castaneda, unterstützt von La Gorda, eine ganz andere, bisher unbekannte, Geschichte seines eigenen Lebens, indem er sich in Träumen an Geschehnisse erinnerte und diese bisher unbekannten Erinnerungen in sein normales Bewusstsein integrierte.

Ein Zyniker würde fragen: Was ist diese fortwährende rückwirkende Einführung neuer Ereignisse und Charaktere in die Vergangenheit? Ist das ein weiterer Verkaufstrick, um sicherzustellen, dass seine profitable Buchserie weitergeht? Oder ist die Beziehung zwischen der ersten und der zweiten Aufmerksamkeit und die Wiederherstellung verlorener Erinnerungen und Welten der zweiten Aufmerksamkeit, der Schlüssel, der die gesamte Tragweite von Castanedas Gesamtwerk öffnet? Führt uns das ins Zentrum von Castanedas Philosophie?

Wenn die zugrunde liegende Philosophie der Kokons und Filamente aus Energie wahr ist, dann sind alle Geschichten Castanedas möglich und noch mehr. Wenn das Universum aus bewusster Energie besteht und eine Vielzahl von Montagepunkten enthält, an denen die Wahrnehmung in zahlreichen Welten zusammengefügt werden kann, dann ist unsere teilweise Beherrschung unseres einzigen Punktes der Wahrnehmung, obwohl absolut entscheidend für unser Überleben, tatsächlich nur eine Kleinigkeit. Wenn unsere bekannte Welt nur eine winzige Insel in einem riesigen, unbekannten und unvorstellbaren Universum ist, dann ist unsere einzige angemessene Tätigkeit, unsere Insel als Startrampe zu benutzen, von der aus wir das unendliche Unbekannte entdecken.

Castaneda und La Gorda fuhren mit ihren gemeinsamen Schlussfolgerungen fort, träumten zusammen und erinnerten sich, dass in ihrer Zeit mit Matus und seinen Zeitgenossen viele Dinge passiert sind, die sie vergessen hatten.

Sie schlossen daraus, dass sie wahrscheinlich den größten Teil ihrer Ausbildung in der zweiten Aufmerksamkeit gemacht hatten. Sie erinnerten sich allmählich, dass sie Lehrlinge in einer großen Lehrerfamilie waren, darunter Matus, Genaro, Manuel und 13 andere. Diese weiteren Zauberer führten ihre Belehrungen ausschließlich in der zweiten Aufmerksamkeit der Schüler durch. Die Schüler wurden, wenn sie mit der großen Gruppe alter Zauberer zusammenarbeiteten, irgendwie in die zweite Aufmerksamkeit gezwungen.

In der ersten Aufmerksamkeit durften die Schüler nur mit Matus und Genaro zusammen sein, damit sie sich an die Interaktionen mit diesen beiden pflichtgemäß erinnerten. Damit Castaneda und La Gorda sich an alle anderen Lehrer und ihre Erfahrungen mit ihnen erinnern konnten, mussten sie sowohl auf ihre erste als auch ihre zweite Aufmerksamkeit gemeinsam zugreifen und sie kontrollieren.

Tatsächlich war dies die eigentliche Lehrmethode. Die Fähigkeit, zwischen der ersten und zweiten Aufmerksamkeit zu wechseln, war das Ziel. Ihre alten Lehrer gaben ihnen direkte Informationen, doch es waren Informationen, die für die Vernunft inakzeptabel und daher von der ersten Aufmerksamkeit abgelehnt worden wären. So wurden ihnen die Informationen in der zweiten Aufmerksamkeit vermittelt und dort gespeichert.

Die Lehrer aus Don Juan Matus Gruppe konnten die Aufmerksamkeit der Schüler kontrollieren. Sie konnten die Montagepunkte vieler Schüler zur selben Zeit an die exakt gleiche Stelle bewegen. Dadurch haben sie die Schüler auf ein lebenslanges Erinnern aller Informationen, die sie gespeichert haben, vorbereitet, um diese Informationen dadurch in die erste Aufmerksamkeit zu bringen. Durch die Erinnerung würden sie Verständnis und Kontrolle über beide Seiten ihres Bewusstseins gewinnen und die Gesamtheit ihres Selbst erlangen. Dadurch lernten sie, ihre eigenen Montagepunkte zu bewegen und ihr Training so zu vervollständigen.

* * * * *

An diesem Punkt der Erzählung änderte sich Castanedas Tonfall, etwa um die Mitte von *Die Kunst des Pirschens*, schlagartig. Vorher ging es in der Geschichte von Carlos Castaneda und Don Juan um einen unsicheren, linkischen Lehrling, der weitermachte, obwohl er sich selbst ständig im Weg stand - voller Zweifel und Fragen. Nachdem sich Castaneda mithilfe von La Gorda an sein anderes Selbst erinnert hatte, änderte sich sein Tonfall komplett.

Er konnte plötzlich den vollen Umfang der Aufgabe des Lernens und Erinnerns erkennen, die Don Juan Matus für ihn hinterlassen hatte. Er erinnerte sich und verstand die historischen Informationen, die Don Juan ihm über ihr gemeinsames Erbe gegeben hatte. Er sprach plötzlich überzeugt vom Mythos der Lebensweise der alten Zauberer und über die Geschichte der Hexerei.

Durch die Wiedererlangung einer Reihe von Erinnerungen aus ihrer Zeit mit Matus, entdeckten Castaneda und La Gorda, dass sie mit ihren acht Mit-Lehrlingen zusammengekommen waren, um eine traditionelle Zauberergruppe nach einer alten Tradition zu formen, die als Tolteken Tradition bekannt war. Was auch als Tradition der „alten Hexenmeister Mexikos" bekannt war, hatte sich zu etwas entwickelt, das die Tradition der „Neuen Seher" oder der „Männer des Wissens" genannt wurde. Don Juan Matus, Genaro Flores und ihre Mitgenossen waren neue Seher. Sie hielten sich nicht länger für Zauberer, kamen aber aus einer Zauberertradition.

Gemäß dieser Tradition gab es auf den amerikanischen Kontinenten, insbesondere in Mexiko, eine ausgedehnte Periode menschlicher Zivilisation, die von einer Gruppe angeführt wurde, die Matus die alten Zauberer Mexikos, oder die Tolteken, nennt. Die Tradition dieser Kultur begann bereits vor 10.000 Jahren und konzentrierte sich auf die Erforschung und Manipulation der zweiten Aufmerksamkeit.

Diese ursprünglich toltekische Zivilisation erreichte ihren Höhepunkt rund um das Tal von Mexiko in der Zeit zwischen 5000 und 2000 v. Chr. Sie wurde dann von einer anderen, nicht näher benannten Zivilisation, möglicherweise den Mayas, besiegt. Die Tolteken-Religion existierte zwar unter dem neuen Regime weiter, wurde mit der Zeit aber korrupt, schwach und verletzlich.

Zauberer waren immer berüchtigt, ihr Wissen dafür zu nutzen, ihre Mitmenschen zu kontrollieren und auszunutzen. Je mehr die Religion zerfiel, desto mehr wurde sie nur für ihre Exzesse und ihr schlechtes Benehmen bekannt. Sie hat kaum bis zur spanischen Eroberung überlebt. Mit ihrer überlegenen Technik, dem Christentum und der Inquisition, brachten die Spanier alle verbliebenen toltekischen Zauberer, die sie finden konnten, zur Strecke und vernichteten sie.

Isolierte Gruppen überlebten die Inquisition mit strengen neuen Regeln, die absolute Geheimhaltung gewährleisteten. In kleinen, getrennten Gruppen am Leben erhalten und den schwierigen Bedingungen der Unterdrückung standhaltend, entstand eine neue, stärkere und besser organisierte Version der alten Glaubensinhalte. Sie vermied und verzichtete darauf, Zauberei zu benutzen, um andere Menschen zu kontrollieren oder zu manipulieren, was nur Gewalt und Zerstörung nach sich zog. Diese neue Version sind die „neuen Seher" oder "Menschen des Wissens". Die Mitglieder der Gruppe von Don Juan Matus waren "neue Seher"; ihre geheime Abstammungslinie reicht 27 Generationen zurück.

* * * * *

In der neuen Version der alten Tolteken-Religion lebten

die Gruppen der Lehrlings-Krieger isoliert von anderen Gruppen. Von Generation zu Generation wurde jede Truppe von einer älteren Generation versammelt, unterstützt und trainiert, die sich in Anzahl und Charakter glichen. Die ausgebildeten Zauberer der älteren Gruppe konnten sich frei von einer Aufmerksamkeit in die anderen bewegen. Sie konnten auch das Bewusstsein der Schüler manipulieren, indem sie es von der ersten in die zweite Aufmerksamkeit und wieder zurück bewegten.

Sobald sie ihre Gruppe von Lehrlingen versammelt hatten, manipulierten die Zauberer die Schüler in die zweite Aufmerksamkeit und übermittelten dann direkt und schnell ihre Lehren, die in der zweiten Aufmerksamkeit der Schüler gespeichert wurden.

Die Studenten kehrten in die erste Aufmerksamkeit zurück, in der sie den ganzen Unterricht vergaßen. Die ältere Generation verließ dann die Welt, entweder indem sie starben oder in die dritte Aufmerksamkeit übergingen. Die jüngeren Schüler waren verstreut und fanden sich in der ersten Aufmerksamkeit wieder. Sie hatten die Aufgabe, sich gegenseitig daran zu erinnern, was sie in der zweiten Aufmerksamkeit von ihren Lehrern gelernt hatten, wie Castaneda und La Gorda es taten. Auf diese Weise erlaubte die erste Aufmerksamkeit der zweiten, sich durch Erinnerung und Träumen bewusst zu werden.

Sobald die zweite Aufmerksamkeit, das andere Selbst, aufgedeckt und in die erste Aufmerksamkeit integriert hatte, erlangte der Mann oder die Frau, die dies erreicht hatten, Zugang zur Gesamtheit ihres Selbst und konnten „direkt und mit unermesslichen Ergebnissen auf die Erinnerungen unserer Leuchtkraft zurückgreifen".

Die Erinnerungen an unsere Leuchtkraft können Familien-, Stammes- und Rassenerinnerungen umfassen, die seit

Generationen weitergegeben wurden. Da Erinnerungen in Positionen des Montagepunktes gespeichert werden, können sie unbewusst über Generationen hinweg durch Prozesse des zusammen Träumens mit Eltern und Älteren, weitergegeben werden. Der Montagepunkt wählt und versammelt nicht nur die Wahrnehmung, sondern er speichert sie auch. Erinnerungen werden in exakten Positionen des Montagepunktes festgehalten und können unwissentlich über Generationen hinweg weitergegeben werden.

* * * * *

Durch ihre Interaktion mit den Kriegern der älteren Generation in der zweiten Aufmerksamkeit erhielten die Lehrlinge einen ‚Fixpunkt zum Stehen' im Unbekannten. Ein kleiner Außenposten des anderen Selbst wird erzeugt, an Ort und Stelle belassen und bewusst mit Erinnerungen an Interaktion gefüllt. Die Erinnerungen werden zwar vergessen, tauchen aber eines Tages wieder auf, um als rationaler Außenposten zu dienen, von dem aus man in die unermessliche Weite des anderen Selbst übergehen kann.'

Zum Ende von *Die Kunst des Pirschens* entdeckte Castaneda den ‚Fixpunkt zum Stehen', den seine Lehrer ihm zu konstruieren geholfen hatten. Er erinnerte sich auch an alle Ereignisse, die zu seiner Trennung von der Gruppe junger Krieger, mit denen er studiert hatte, führte. Die Lehrlinge waren nun führerlos und Castaneda ging seinen eigenen Weg, getrennt von ihnen.

9

KOKONS UND FILAMENTE

Castanedas siebtes und achtes Buch, *Das Feuer von innen* und *Die Kraft der Stille*, wurden 1984 und 1987 veröffentlicht. In diesen beiden Büchern gab Castaneda schließlich eine klare Zusammenfassung der Philosophie hinter seinen Schriften.

Das war etwa 25 Jahre nach seinem ersten Treffen mit Matus (1960), mehr als 16 Jahre nach seinem ersten veröffentlichten Buch (1968) und mehr als ein Jahrzehnt, nachdem seine Lehre bei Matus 1973 beendet hatte.

Er benötigte all die Zeit und Leistung, um an diesen Punkt zu gelangen. Durch das Aufdecken dieser Philosophie, offenbarte er schließlich eine tiefe Stimmigkeit, die alle seine früheren Schriften neu definierte und klärte. Fragen nach dem Wahrheitsgehalt und der Originalität seiner Geschichten blieb bestehen, aber die Lücken der Ungereimtheiten und des fehlenden Zusammenhangs wurden geschlossen. Vorher konnten Kritiker sagen, ob Fakten oder Fiktion, es ergibt keinen Sinn. Danach mussten sie zugeben, dass es Sinn ergab, obwohl die Frage blieb, ob es sich um eine Tatsache, eine Fiktion oder ein Plagiat handelte.

Im Hinblick auf dieses Buches habe ich bereits im vierten Kapitel, *Universale Kraft*, eine Art Erklärung vorgestellt. Für Leser, die wie ich, die Bücher eins nach dem anderen gelesen haben, so, wie sie veröffentlicht wurden, gab es bis zu diesem Punkt keine Erklärung. Vor diesem Punkt war nachvollziehbar, dass Castaneda für einen der vielen exhibitionistischen Autoren der 1960er und 1970er Jahren gehalten wurde, der eine neue halluzinogene Pseudophilosophie lieferte, einfach, um Bücher zu verkaufen.

Das Feuer von innen und *Die Kraft der Stille* beinhalten die Summe von Don Juans Lehren, bis hin zu Castanedas Verständnis, das jedoch unvollständig war. Castaneda gestand sich ein, dass seine Leistung unzureichend war, was auch in seinen weiteren Werken bis zum Ende so blieb.

* * * * *

Der Mensch hat zwei Arten von Bewusstsein, wiederholte Castaneda: die rechte und die linke Seite. Dies reflektiert, wie das Universum in das Bekannte und das Unbekannte eingeteilt wird. Matus Lehren wurden daher auch zweigeteilt: Lehren für die rechte Seite und Lehren für die linke Seite. Die Lehren für die rechte Seite waren für unsere Vernunft durchaus akzeptabel, die Lehren für die linke Seite waren es nicht.

Belehrungen für die rechte Seite wurden durchgeführt, während sich Castaneda in seinem normalen Bewusstseinszustand befand. Über diese Lehren hat er in den ersten sechs Büchern geschrieben.

Matus hatte die Fähigkeit, Castanedas Bewusstsein absichtlich zu zwingen, von einer Seite auf die andere zu wechseln. Wann immer Don Juan etwas demonstrieren oder lehren wollte, das von Castanedas normalem rationalen Selbst nicht akzeptiert werden würde, ließ er ihn auf die linke Seite überwechseln. Nach der Lektion bewegte Matus Castaneda zurück auf die rechte Seite, wo er prompt vergaß, was er gerade gesehen und gehört hatte. Die Lehren blieben jedoch irgendwo auf der linken Seite gespeichert, um später wiederhergestellt zu werden. Matus organisierte seine Lehren sorgfältig, sodass Castaneda, nachdem der Lehrer gegangen war, die Aufgabe verblieb, sich zu erinnern. Durch diese Erinnerung würde Castaneda sein anderes Selbst aufdecken und somit sein Training abschließen.

Nachdem seine Lehrzeit beendet und Matus gegangen war, fanden Castaneda und La Gorda gemeinsam heraus, wie sie auf die versteckten Erinnerungen zugreifen konnten, die Matus für sie gelagert hatte. Sie begannen, sich an die Lehren für die linke Seite zu erinnern.

Castaneda wusste schließlich, dass es während seiner Lehrjahre eine Gruppe von 16 Leuten gegeben hatte, die ihn auf der linken Seite unterrichteten. Sie nannten sich weder Zauberer, noch nannten sie ihre Lehren Zauberei; vielmehr lehrten sie, wie man die drei Aspekte des uralten Wissens, das sie besaßen, meistern konnte: Bewusstsein, Pirschen und Absicht. Und sie waren keine Zauberer, sondern Seher.'

Sie stammten aus einer Tradition, die aus etwas entstand, das sie die ‚alte Zauberei' nannten, doch im Laufe der Zeit entwickelte sich diese Tradition über die Zauberei hinaus, zu etwas Modernerem.

Matus beschrieb die Geschichte der Menschheit von der linken Seite aus betrachtet und erzählte von einer ‚uralten Kette von Wissen, die sich über Tausende von Jahren erstreckte ... lange, bevor die Spanier nach Mexiko kamen'. Die Männer und Frauen dieser Tradition wussten, wie sie das ‚Bewusstsein' anderer Menschen mithilfe ihres

,geheimem Wissens' fixieren' konnten, um ihre Gesellschaft zu beherrschen.

Diese mächtigen Zauberer regierten die Völker des alten Mexikos, bis das Gebiet zuerst durch andere indigene Gruppen, dann durch die Spanier, erobert wurde. Die Spanier haben die übriggebliebenen Zauberer systematisch ausgerottet. Nur kleine, zersprengte Gruppen überlebten. Sie kreierten neue Abstammungslinien, um das alte Wissen und die alten Traditionen heimlich zu bewahren, betrachteten jedoch das gesamte alte Glaubenssystem als gescheitert. Sie benannten sich in ,neue Seher' um.

In einer weiteren progressiven Neuformulierung von Begriffen definiert Castaneda Zauberei nun als die Fähigkeit, andere Menschen, mithilfe ihres geheimen Wissens, dazu zu zwingen, ihre Wahrnehmung zu verändern. Die alten Zauberer nutzten diese Kräfte, um ihre Gesellschaften zu beherrschen und zu kontrollieren. Die neuen Seher hatten diese Fähigkeiten zwar immer noch, benutzten sie aber nur, um anderen zu helfen, die Freiheit zu erlangen.

Da Castaneda dies mehr als ein Jahrzehnt nach dem Verschwinden von Matus schrieb, waren seine Erinnerungen so weit fortgeschritten, dass er sich an die grundlegenden Lehren, die er von Matus erhalten hatte, die er als ,Beherrschung des Bewusstseins' bezeichnete, erinnern konnte. Durch die Erinnerung seiner Erfahrungen in der zweiten Aufmerksamkeit erlangte er Zugang zur Gesamtheit seines Selbst.

Sich frei von der ersten zur zweiten Aufmerksamkeit und wieder zurückzubewegen, ist die Beherrschung des Bewusstseins, welche die Gesamtheit des eigenen Selbst verfügbar und zugänglich macht.

Bis zu diesem Punkt behauptete Castaneda immer wieder, dass seine Werke und seine Erfahrungen genau so wären, wie er sie im Laufe der Zeit wahrgenommen hatte. Weil sein Verständnis und seine Wahrnehmung jedoch unvollständig waren, schien seine Darstellung der Ereignisse willkürlich organisiert, mit unzusammenhängender Reihenfolge und ohne erkennbare zugrundeliegende Philosophie. Ob als Fakt oder Fiktion betrachtet, können seine Erzählungen mit Recht als voll mit Ungereimtheiten und Widersprüchen bezüglich Zeiten und Orte, kritisiert werden. Sobald er jedoch die Gesamtheit seines Selbst erreicht hatte, konnte er zum ersten Mal alles in einer Sichtweise zusammenfassen. Von diesem Standpunkt aus betrachtet gibt es in seinen Werken keine Widersprüche mehr.

Das Wissen, das ihm die neuen Seher beibrachten, beinhaltete die Beherrschung des Bewusstseins, die Kunst des Pirschens und die Beherrschung der Absicht.

Die Beherrschung des Bewusstseins betraf beide Selbst und beide Arten des Bewusstseins und wie diese, nach einem unbeschreiblichen Kampf, durch die Erinnerung eingebunden wurden, wodurch die Gesamtheit des eigenen Selbst erreicht war. Die Kunst des Pirschens bestand darin, das Verhalten so zu steuern, dass es absichtlich, doch harmonisch, den Fluss gewohnheitsmäßiger Ereignisse und Wahrnehmungen im normalen Bewusstsein unterbricht. Die Beherrschung der Absicht bestand darin, unsere Verbindung zum ‚Geist', dem Fluss universaler, bewusster Energie, zu entdecken und zu nähren, bis sie nach Belieben gerufen und genutzt werden konnte.

Castaneda sagte, dass er die gesamte Unterweisung in allen drei Themen in der zweiten Aufmerksamkeit erhalten habe. Er hatte es zwar geschafft, sich an das Erste, die Beherrschung des Bewusstseins, zu erinnern, schaffte es aber nie, die beiden anderen Gruppen von Lehren in seinen

Aufzeichnungen wiederzufinden: die Kunst des Pirschens und die Beherrschung der Absicht.

Sein Versagen, die Kunst des Pirschens zu beherrschen, erklärt vielleicht die ungeschickte Darstellung seiner Geschichte als Autobiografie. Castaneda wollte wahrscheinlich die Wirkung und Intensität seiner Darstellung der alten Zauberer erhöhen, indem er sich selbst und andere Zeitgenossen in die Geschichte einfügte. Er beabsichtigte, eine Wahrheit zu enthüllen, die nicht in einer trockenen Dissertation ausgedrückt werden konnte.

Am Ende war sein Bemühen, die alte Tradition der Zauberei und Magie zum Leben zu erwecken, nur teilweise gelungen. Es gelang ihm nicht, das zu erreichen, was er als die maximale Qualität eines erfolgreichen Pirschmanövers bezeichnete: Rücksichtslosigkeit, Gerissenheit, Geduld und Süße. Er war nicht rücksichtslos genug mit seinen persönlichen Gewohnheiten und Eigenschaften, um seine persönliche Geschichte zu klären. Wenn er seine persönliche Geschichte aus dem Weg geräumt oder sie makelloser gestaltet hätte, wäre es ihm vielleicht besser gelungen, den Mythos von Don Juan Matus zu kreieren. Es sollte keine Rolle spielen, ob Don Juan wirklich existiert hat, ebenso wenig, wie es eine Rolle spielt, ob Achilles wirklich existiert hat, doch das tut es.

Don Juan erklärte Castaneda wiederholt, dass es zwei Grundtypen von Zauberern gäbe. Der eine suchte das Abenteuer, einschließlich der Macht über andere Wesen, während der andere nach Freiheit strebte und es vermied, andere zu beeinflussen. Laut Matus gehörten praktisch alle Zauberer des Altertums zu den abenteuerlichen Typen und die meisten von ihnen strebten nie nach der Freiheit, die die neuen Seher suchten. Matus und seine Gruppe waren allesamt neue Seher, bemüht um individuelle Freiheit. Matus eigener Lehrer, Julian Osorio, war ein Abenteurer-Zauberer, der nie gelernt hatte, zu sehen und möglicherweise den Tod eines normalen Menschens starb. Matus meinte, dass Castaneda viel mit Osorio und den alten Zauberern gemeinsam hätte.

*****

Die vollständige und endgültige Version der Beherrschung des Bewusstseins wurde allmählich in *Das Feuer von Innen* entwickelt. Dann fasste Castaneda in der Einleitung zu *Die Kraft der Stille, die ‚Beherrschung des Bewusstseins, die ein Eckpfeiler seiner Lehren war und die aus den folgenden grundlegenden Prämissen besteht formell zusammen:*

1. Das Universum ist eine unendliche Ansammlung von Energiefeldern, die Lichtfäden ähneln.

2. Diese Energiefelder, die Emanationen des Adlers genannt, strahlen von einer Quelle von unvorstellbaren Proportionen aus, metaphorisch der Adler genannt.

3. Auch die Menschen bestehen aus einer unberechenbaren Anzahl derselben fadenartigen Energiefelder. Die Emanationen des Adlers bilden eine ummantelte Anhäufung, die sich als eine Lichtkugel von der Größe des Körpers der Person manifestierte, deren Arme seitlich ausgestreckt sind und wie ein riesiges leuchtendes Ei aussieht.

4. Nur eine sehr kleine Gruppe der Energiefelder in diesem leuchtenden Ei leuchten in einem bestimmten Punkt von intensiver Brillanz, der sich auf der Oberfläche der Kugel befindet, auf.

5. Wahrnehmung passiert, wenn die Energiefelder in dieser kleinen Gruppe, die den brillanten Punkt unmittelbar umgibt, ihr Licht ausdehnen, um identische Energiefelder außerhalb der Kugel zu beleuchten. Da die einzigen wahrnehmbaren Energiefelder diejenigen sind, die durch den Glanzpunkt erleuchtet sind, wird dieser Punkt, ‚der Punkt, an dem die Wahrnehmung zusammengefügt wird', oder einfach, ‚der Montagepunkt' genannt.

6. Der Montagepunkt kann von seiner üblichen Position auf der Oberfläche der leuchtenden Kugel in eine andere Position auf der Oberfläche oder sogar ins Innere bewegt werden. Da die Leuchtkraft des Montagepunktes jedes Energiefeld, mit dem es in Berührung kommt, aufleuchten lässt, hellt es, wenn es sich an eine neue Position bewegt, sofort neue Energiefelder auf und macht sie wahrnehmbar. Diese Wahrnehmung ist als Sehen bekannt.

7. Wenn der Montagepunkt sich verschiebt, ermöglicht er die Wahrnehmung einer komplett anderen Welt - so gegenständlich und sachlich wie die Welt unserer normalen Wahrnehmung. Zauberer gehen in diese andere Welt, um Energie, Macht, Lösungen für allgemeine und besondere Probleme zu finden oder sich dem Unvorstellbaren zu stellen.

8. Absicht ist die alles durchdringende Kraft, die Wahrnehmung auslöst. Wir erlangen unser Bewusstsein nicht, weil wir wahrnehmen; die Wahrnehmung ist eher ein Resultat des Drucks und des Eingriffs der Absicht.

9. Das Ziel der Zauberer ist es, einen Zustand totaler Bewusstheit zu erreichen, um alle Möglichkeiten der Wahrnehmung, die dem Menschen zugänglich sind, zu erfahren. Dieser Bewusstseinszustand beinhaltet sogar eine alternative Art zu sterben.'

* * * * *

Die Kraft oder Energie in den bewussten Filamente, den Grundelementen des Universums, ist für uns unverständlich. Am ehesten können wir diese Energie als die Absicht des Universums verstehen. Auf eine Art drücken sie die Absicht des Universums aus. Diese Filamente können auch die Befehle des Universums genannt werden. Sie befehlen uns, zu sein und befehlen uns wahrzunehmen; tatsächlich befehlen sie alles und überall.

Die Absicht des Universums zwingt uns, wahrzunehmen. Unsere gesamte Existenz und unser Sein wird durch die Befehle seiner Energieketten bestimmt, die seine Absicht ausdrücken. Die Absicht des Universums erzeugt den Kokon, füllt ihn mit Energie und fixiert dann den Montagepunkt an eine Stelle auf der Oberfläche des Kokons und befiehlt dem Wesen dadurch, an dieser Position wahrzunehmen.

Der Wahrnehmende lernt, den Montagepunkt fest und stetig an diesem Punkt zu halten und seine Bewegung zu verhindern. Die resultierende Ausrichtung erzeugt ein Wesen, das in einer Welt lebt. Dieses Wesen entwickelt seine eigene Absicht und Identität, die ihre eigenen Ziele verfolgen und vergisst, wo es herkommen, welchem Zweck es dienen und sogar, dass es mit der Absicht des Universums verbunden ist.

Beim Träumen löst sich der Montagepunkt aus seiner festen Position und bewegt sich umher. Die träumende Person kann nicht kontrollieren, wohin der Montagepunkt sich anfänglich bewegt. Er oder sie können jedoch beabsichtigen, die Energie, die an irgendeiner neuen Position erfahren wird, auszurichten und sie an diesem neuen Ort zu stabilisieren. Wenn dieser neue Ort weit genug von dem ursprünglichen Platz entfernt ist, wird die Magie der Wahrnehmung gleichzeitig eine neue Welt und einen neuen Wahrnehmenden ausrichten. Ein Wesen tritt in einer völlig anderen Welt in Erscheinung.

Aus unserer Sicht ist es unmöglich zu sagen, wo sich diese andere Welt befindet. Es könnte die Unendlichkeit sein, oder die andere Seite des Universums, oder gleich nebenan, nur in einer anderen Dimension. Das Einzige, was man sagen kann, ist, dass sie sich an einer bestimmten Position des Montagepunktes befindet. Das Universum hat unzählige Milliarden von Positionen, an denen Montagepunkte Stränge bewusster Energie zusammenstellen können. Diese Welt, dieses Wesen und dieses Ereignis befinden sich an jeder Stelle, an der eine bestimmte Auswahl der unzähligen Energie-Stränge zusammengestellt wird. Um in diese Welt und dieses Ereignis zurückzukehren, ist es notwendig, den Montagepunktes an die genau gleiche Position zu verschieben.

Aus der Sicht des Träumers ist er durch seine Verbindung mit dem Universum in eine andere Welt, irgendwo da draußen in der Unendlichkeit gereist, indem er seinen Montagepunkt an neuen Energiesträngen, die sich in die Unendlichkeit erstrecken, ausgerichtet hat. Der Ausgangspunkt des Träumers war auch ein Ort irgendwo in der Unendlichkeit und dorthin muss er zurückkommen, indem er die genaue Position des Montagepunktes unserer normalen Welt findet.

Die Erfahrungen an der neuen Position des Montagepunktes werden dort gespeichert. Erinnerungen und Informationen sind an der präzisen Positionen des Montagepunkts gespeichert. Einmal gespeichert, kann der Träumer später jederzeit zu diesem Punkt zurückkehren und die Erfahrung genauso erleben, wie sie vorher war, und Zugang zum dortigen Wissen erhalten.

*****

Wenn ein Träumer beginnt, durch Neupositionierung des Montagepunkts neue Welten zu erforschen, gelangt er auf einen Weg, der anderen erfahrenen Träumern vertraut ist. Am Anfang dieses Weges gibt Meilensteine die alle Träumer notwendigerweise durchlaufen. Es gibt mehrere nahegelegene Positionen, denen er oder sie bei ihren Vrstoß früh begegnen werden. Eines dieser ersten Ziele ist die Position der Form des Menschen.

Die menschliche Form ist eine Wesenheit, weder männlich noch weiblich, die die Kraft des Lebens in die menschliche Form presst. Jede Lebensform hat eine Art Model, das an einer Stelle des Montagepunktes, nahe der normalerweise verwendeten Stelle existiert. Die Form des Menschen kann angetroffen werden, wenn sich der Montagepunkt, entweder beim Träumen oder aufgrund von Krankheit, Schock oder anderen Umständen verschiebt und wenn wir genügend persönliche Kraft haben. Wir alle sehen sie im Moment des Todes, wenn unsere Lebensenergie schwindet und wir unseren Montagepunkt nicht mehr stabil halten und unsere Wahrnehmung nicht mehr kontrollieren können. Sie erscheint als ein ‚strahlendes, leuchtendes Wesen'.

Laut Matus ist die Form des Menschen eine Ansammlung von Emanationen im Band jedes Mannes und jeder Frau. Es ist der Teil der Emanationen des Adlers, den Seher direkt und ohne sich in Gefahr zu begeben, sehen können.

Die alten Zauberer und viele Mystiker in der gesamten menschlichen Geschichte haben die menschliche Form gesehen. Gemäß Matus, hielten die alten Zauberer sie für einen Beschützer oder freundlichen Geist, der ihnen Gefallen, Schutz oder Macht gewähren konnte. Mystiker, welche die Form des Menschen sahen, interpretierten sie fälschlicherweise als unseren Gott.

In ihrer Gegenwart projiziert unsere Ichbezogenheit unsere höchst geschätzten Eigenschaften auf sie: Liebe, Vergebung, Charisma, Verständnis, Gerechtigkeit, Wahrheit. Im Vergleich zu dieser Projektion empfinden wir uns selbst als unwürdig, gemein, sündig und böse.

Die mystische Erfahrung, in der man der Form des

Menschen begegnet, ist zufälliges Sehen, verursacht durch eine zufällige Bewegung des Montagepunktes. Es ist ein einmalige Ereignis, nach dem Mystiker sich an Visionen und Gefühle von Ehrfurcht und Ehrerbietung erinnern und daraus schließen, dass sie sich in Gegenwart des Gottes der Menschheit befanden. Eine kurze Vision dieser Art kann lebenslange Nostalgie hervorrufen.

Die neuen Seher haben viele Male versucht, die Form zu sehen. Durch die wiederholte Erfahrung stellten sie fest, dass es kein Gott ist. Die Form hat keine andere Macht, als uns als Menschen auszustanzen. Sie kann uns weder belohnen noch bestrafen oder in irgendeiner Weise in unserem Sinne eingreifen. Sie ist einfach ein Energiemuster, das menschliche Qualitäten auf bewusste Energie stempelt, wie eine Matritze, die Menschen reproduziert. Aber wir werden nicht aus dem Nichts geschaffen und sie kann uns in keinster Weise helfen oder begünstigen.

Um ihre Montagepunkte für weitere Erkundungen zu befreien, haben die neuen Seher die Form absichtlich oft gesucht, um festzustellen, was sie wirklich ist. Als Teil dieses Befreiungsprozesses wird die Kraft, welche die Form normalerweise im Körper hinterlässt, die menschliche Form, verscheucht oder trennt sich selbst ab. Nachdem die menschliche Form verschwunden ist, kann der Seher sich und seine Wahrnehmung mit mehr emotionaler Distanz betrachten und so seine Freiheit vergrößern.

*****

Wenn sich die Absicht der Energie im Inneren des Kokons auf die Energie von außen ausrichtet, richtet sie sich flüchtig mit der universalen Absicht aus. Durch Wiederholung wird die Absicht innerhalb des Kokons mit der Absicht des Universums vertraut, sodass die Absicht des Universums unsere eigene Absicht werden kann. Wenn sich die Absicht einer Person mit der universalen Absicht verbindet oder sie ihren Montagepunkt kommandieren kann, ist sie fähig, an jeden Ort zu gehen, den sie beabsichtigen. Matus sagt: ‚Unser Befehl wird zum Befehl des Adlers.'

Ein Zauberer - definiert als jemand, der seinen Montagepunkt mittels seiner Absicht bewegen kann – ist in der Lage, ihn schrittweise innerhalb seines Kokons zu bewegen, um letztendlich die gesamte Energie, die sich im menschlichen Band innerhalb des Kokons befindet, zu kontaktieren und zum Aufleuchten zu bringen. Sobald dies erreicht ist, wird der gesamte Kokon wie durch einen Blitz von innen erleuchtet und wird zu einem riesigen Leiter für gechannelte Energie. Das Wesen tritt in die dritte Aufmerksamkeit ein, eine alternative Art zu sterben.

In unseren gegenwärtigen monotheistischen Religionen gibt es nur eine Art zu sterben, mit zwei Möglichkeiten nach dem Tod. Eine Person stirbt, wird dann von Gott gerichtet und geht entweder für immer in den Himmel oder in die Hölle. In Castanedas Theologie gibt es keinen Gott, der uns lehrt und richtet; es gibt weder Himmel noch Hölle oder Böses.

Laut Castaneda gibt es neben den zwei Arten zu sterben, auch verschiedene Möglichkeiten, die Existenz zu verlängern. Man kann in der ersten Aufmerksamkeit sterben, wo sich die durch die Kraft des Lebens gesammelten Elemente einfach trennen und ins Unbekannte schweben, als wären sie nie vereint gewesen.

Alternativ kann man nach einem Leben der Erforschung der zweiten Aufmerksamkeit, in die dritte Aufmerksamkeit eingehen, indem man ‚von innen heraus verbrennt'. Don Juan war überzeugt, dass tausende von Sehern bewerkstelligt haben, ihre Lebenskraft zu behalten und auf eine endgültige Reise mit der Unendlichkeit als ihren neuen

Bereich gingen. Er glaubte, dass ihr Bewusstsein so lange bestehen würde, wie die Erde existierte und sie sterben würden, wenn die Erde starb.

Eine noch größere Anzahl von Zauberern, einschließlich fast aller alten Zauberer Mexikos, starben laut Matus auch nicht. Stattdessen gelangten sie beim Stolpern durch die zweite Aufmerksamkeit in Bereiche, die wohl schlimmer waren, als der Tod. Aufgrund ihrer fehlgeleiteten Bemühungen, ihr Leben zu verlängern, endeten die meisten von ihnen irgendwo in der Unendlichkeit, verloren, entführt oder gefangen.

* * * * *

Sich ins Unbekannte zu wagen ist eine Herausforderung für die Menschen und laut Castaneda ist der Sinn des Lebens, das Bewusstsein zu erweitern, indem Teile des Unbekannten in das Bekannte einbezogen werden. Das bringt uns der Absicht des Universums, sich selbst zu erkennen, näher. Neue Arten der Wahrnehmung bringen auch neue Energie.

Matus meinte, dass sein System die beste Antwort auf die Frage gäbe, die die Menschen schon immer verfolgt hat: ‚der Sinn unserer Existenz'. Unsere Vernunft findet darauf keine Antwort, ohne einen blinden Glaubensakt einzugehen. Gemäß Matus, verleiht das Universum empfindungsfähigen Wesen aktives Bewusstsein, damit die Lebewesen dieses Bewusstsein während ihres Lebensprozesses weiterentwickeln und das Bewusstsein dann im verbesserten Zustand ans Universum zurückgeben. Der Grund für unsere Existenz ist, unser Bewusstsein zugunsten des Universums zu steigern. Matus sagte, dass dies nicht nur ein Glaube sei, sondern eine Tatsache, die man erleben kann. Die traditionelle Art der mexikanischen Zauberei, dies zu interpretieren, ist ein flüchtiger Blick auf ‚den Adler', eine

Projektion des Verleihers von Bewusstsein bei der Geburt, der dann das erhöhte Bewusstsein ‚konsumiert', wenn das Wesen stirbt.

Die universale Kraft verleiht Lebewesen ein Ur-Bewusstsein. Es zieht dieses Bewusstsein immer wieder zu sich selbst zurück, während das Bewusstsein im Lebens bereichert und verbessert wird. Das Lebewesen widersteht dieser Anziehung lebenslang, bis es zu erschöpft ist und die universale Kraft das Lebewesen auflöst und dessen Bewusstsein, aufgewertet durch die Erfahrungen des Lebens zurückgewinnt. Im Moment des Todes werden alle Lebenserfahrungen vom Ort, an dem sie gespeichert wurden, freigesetzt und das Universum beansprucht dieses Bewusstsein als seine Nahrung.

Matus erkennt Darwins Evolutionstheorie nicht an. Er würde sagen, dass sich Arten nicht entwickeln, weil zufällige Mutationen passierten, die sich als vorteilhaft erwiesen und dann zu dauerhaften Veränderungen führten. Individuen verändern sich im Laufe ihres Lebens, wenn sich ihr Bewusstsein steigert. Ein Bewusstseinswandel ist eine Veränderung der Position des Montagepunktes, die auf eine Veränderung des Seins hinausläuft. Artenweite evolutionäre Veränderungen sind eine Angelegenheit der gesamten Spezies, die absichtlich eine neue Position des Montagepunktes wählt, nachdem Einzelindividuen den Weg gewiesen haben.

10

KONSERVATIVE UND LIBERALE

Wir haben keine Ahnung, wie wir unseren Montagepunkt ursprünglich fixiert haben, weil es passiert ist, bevor wir Sprache oder Gedanken hatten. Wir können jedoch Kenntnis erlangen, wie wir ihn an einem Ort festhalten. Wir fixieren und stabilisieren ihn durch einen ständigen inneren Dialog, einen Prozess, in dem wir unsere kontinuierliche persönliche Geschichte, unsere Gedanken und Gewohnheiten, auf das Leben projizieren. Der Hauptteil dieses Prozesses ist ein unaufhörliches Plappern in Gedanken, das sich verselbständigt und das wir gar nicht mehr wahrnehmen. Wir können es nicht mit bewusster Anstrengung stoppen, denn diese Anstrengung resultiert automatisch in noch mehr Gedanken.

Weil der Montagepunkt durch den inneren Dialog und die Sprache an einem bestimmten Ort stabilisiert wird, ist diesen inneren Dialog zum Schweigen zu bringen, der einzige Weg, ihn von seiner üblichen Position auf dem Kokon zu lösen. Dies ist die Stille, auf die sich Castaneda im Titel *"Die Kraft der Stille"* bezieht. Wenn wir unseren Montagepunkt von der Stelle, an der er gewöhnlich ist, befreien wollen, müssen wir innere Stille erreichen.

* * * * *

Es gibt zwei Arten von Wissen: unser alltägliches Wissen, das durch den Gebrauch von Sprache und Vernunft entsteht und das stille Wissen, das jenseits der Sprache existiert. Im Laufe der Geschichte des Lebens auf unserem Planeten, die laut Wissenschaftlern bis zu eine Million Jahre zurückreicht, besetzte die Menschheit nicht immer die Position des Montagepunktes, den sie jetzt einnimmt. Die gegenwärtige Form des internen Dialogs, die wir benutzen, um unsere neuzeitliche Position aufrechtzuerhalten, ist eine relativ neue Entwicklung in der Menschheitsgeschichte. Die Menschheit hat sich allmählich von einem Ort des stillen Wissens an einen Ort der Vernunft bewegt. Zu einem kritischen Zeitpunkt, gar nicht so lange her, im Vergleich zur gesamten Verweildauer der Menschheit auf der Erde, wurde das stille Wissen aufgegeben und Vernunft und Sprache übernahmen das Ruder.

Wir besitzen immer noch beide Teile in unserem Wesen. Ein Teil ist „extrem alt, gelassen, gleichmütig. Er war schwer, dunkel und verbunden mit allem anderen ... Er war mit Allem gleich. Er hat Dinge ohne Erwartungen genossen." Dieser ältere Teil des Menschen brauchte keine Sprache; er existierte lange vor der Ära, die von Vernunft und Denken und Schreiben in verschiedenen Sprachen regiert wurde.

Die ältere Seite des Menschen kannte Dinge, auf die wir keinen Zugriff mehr haben. Wissen und Sprache sind getrennt; wir besitzen immer noch stilles Wissen, aber es ist unter der Vernunft begraben. Es wird übertönt vom Geplapper und dem Lärm unseres internen Dialogs. Wir können nicht mithilfe von Sprache darauf zugreifen; wir können uns nur darauf ausrichten. Als wir die Sprache entwickelten und ihren Gebrauch erweiterten, verloren wir den Zugang zum enormen Bereich des stillen Wissens. Jeder rationale Versuch, die Lücke zu überbrücken, macht sie nur noch größer.

Der moderne, vernünftige Teil des Menschen ist „leicht, neu, oberflächlich, unruhig. Er ist nervös, schnell". Laut Castaneda würde der alte Teil des Menschen auf eine Wildnis oder ein leeres Feld blicken und es nicht verändern wollen, während der moderne Mensch etwas bauen oder Pflanzen anbauen wollte, um Menschen zu ernähren.

Die Menschen der alten Zeit wussten, was zu tun war, ohne nachzudenken und unterschieden sich somit nicht von der Natur. Allmählich tauchte die Idee des individuellen Selbst auf, das seine Taten vorhersagen und organisieren konnte. Dieses Individuum entwickelte zuerst die gesprochene und später die geschriebene Sprache. Schrittweise wurden seine Gedanken, gesprochene und geschriebene Worte, verwendet, um die Art und den Umfang der menschlichen Handlungen zu bestimmen. Die Sprache diente dazu, die Bandbreite der Aktivitäten und des Bewusstseins des Menschen zu begrenzen und zu kontrollieren.

Allmählich wurde das individuelle Selbst stärker, während die Verbindung zum alten, stillen Wissen verloren ging. Der Verlust dieser Verbindung erzeugte ein gewisses Gefühl der Hoffnungslosigkeit, das in der Folge zu noch mehr mentalen Aktivitäten führte, um das Selbst zu verbessern oder zu reparieren, um das alte Gefühl der Verbundenheit wiederherzustellen. Weil dies jedoch auf Vernunft basierte, führten die zusätzlichen geistigen Aktivität nur zu einer größeren Entfernung vom organischen stillen Wissen, hin zum individuellen Selbst.

Der moderne Mensch ist jetzt geradezu besessen von sich selbst. Er hat den Montagepunkt an eine extreme Position bewegt. Soweit es die Selbstbezogenheit betrifft, ist der moderne Mensch in eine Position gerückt, in der extremste Formen der Selbstbezogenheit sein Bewusstsein beherrschen. Es gibt äußerliche Gründe für diese Bewegung und es ist eine Herausforderung für die Menschheit, die uns von außerhalb, von Kräften des Universums, auferlegt wird.

Da wir uns in der extremsten Position, auf einem Höhepunkt der Selbst-Involvierung befinden, bedeutet jede nachfolgende Bewegung des Montagepunktes in irgendeine Richtung, immer die Entfernung vom Egoismus. Mit anderen Worten ist die Herausforderung des Menschen in unserer Zeit nichts anderes, als seinen Montagepunkt, durch Reduktion der Beschäftigung mit sich selbst, zu befreien.

* * * * *

Vernunft und stilles Wissen sind zwei Punkte. Der erste Punkt in unserer heutigen Zeit ist die Vernunft. Jeder ist in der Nähe dieses Punktes, aber nicht jeder sitzt direkt darauf; die meisten Menschen befinden sich irgendwo zwischen Vernunft und stillem Wissen. Diejenigen, die direkt auf die Vernunft ausgerichtet sind, sind die wahren Führer der Menschheit. Laut Matus sind das im Allgemeinen unbekannte Menschen, genial darin die exakte Position des Montagepunktes zu erreichen und zu verstehen. Sie beeinflussen dadurch das gesamte menschliche Umfeld, das das Publikum des Anführers darstellt.

In früheren Zeiten war das stille Wissen der erste Punkt und die größten Führer befanden sich direkt auf diesem Punkt. Die Menschheit hat den größten Teil ihrer Geschichte auf der Seite des stillen Wissens verbracht, was unsere große Sehnsucht danach erklärt.

Nur wer sich jeweils genau auf einer der beiden Positionen - Vernunft oder stilles Wissen – befindet, kann die andere Position deutlich sehen. So entstand das Zeitalter der Vernunft. Die Position der Vernunft war, von der Position des stillen Wissens aus, klar zu sehen.'

Das Ziel von Don Juan Matus und der neuen Seher ist, beide Positionen mithilfe von zwei Einbahnbrücken zu berühren.

‚*Die Einbahnstraße vom stillen Wissen zur Vernunft wurde "Sorge" genannt. Die Sorge, die wahre Männer des stillen Wissens bezüglich der Quelle dessen hatten, was sie wussten. Die andere Einbahnbrücke, von der Vernunft zum stillen Wissen, wurde "reines Verstehen" genannt. Nämlich die Erkenntnis, die den Vernunftmenschen feststellen lässt, dass die Vernunft nur eine Insel in einem endlosen Inselmeer ist.*'

* * * * *

Inhalt und Natur der Wahrnehmung werden durch die Position des Montagepunktes bestimmt. In unserer Zeit ist die normale Position des Montagepunktes eine Position extremen Selbstengagements. Nach Matus sind Selbstreflexion, Selbstbezogenheit, Selbstmitleid und Selbstwichtigkeit praktisch dasselbe. Unser Eigeninteresse ist die Hauptkraft, die den Montagepunkt fixiert.

Weil wir uns in der extremsten Position der Selbstwichtigkeit befinden, ist jede Art von Bewegung des Montagepunktes eine Bewegung weg vom Selbstmitleid. Der Weg, den Montagepunkt aus seiner Position zu befreien, ist daher die Einschränkung der eigenen Wichtigkeit. Durch das Bewusstwerden der eigenen Wichtigkeit, setzen wir die Energie frei, die dafür aufgewendet wurde. Sobald der Montagepunkt freigegeben wurde, bewegt er sich zu einer anderen Position, abseits von Selbstmitleid und Selbstbezogenheit.

Die Bewegung des Montagepunkts wird als Zauberei definiert. Wenn wir die eigenen Wichtigkeit einschränken, bewegt sich der Montagepunkt. Wohin er sich bewegt, wird durch die universale Absicht bestimmt. Die reale Kraft der Filamente des Universums, mit denen alle Wesen verbunden sind. Wir können sie zwar nicht sehen, aber wie Gravitation und Elektromagnetismus, die auch unsichtbar sind, existiert die universale Absicht.

Der Versammlungspunkt kann zufällig durch Krankheit, Krieg, Hunger, Liebe, Hass und Mystik bewegt werden, aber jede neue Position, die zufällig erreicht wird, kann nicht aufrechterhalten werden.

Matus konnte seinen eigenen Montagepunkt und den von Anderen absichtlich bewegen. Er konnte Castanedas Montagepunkt vorübergehend von seinem gewohnten Platz befreien und ihn beeinflussen, eine andere Position einzunehmen, um Castaneda über andere Positionen zu unterrichten. Die Bewegung des Montagepunkts setzt diejenige Energie frei, die verwendet wurde, um ihn dort stabil zu halten.

Bewegungen des Montagepunkts können groß oder klein sein. Es können auch winzige Bewegungen sein, die ‚isolierte Inseln von Wahrnehmungen' erreichen, bei denen es sich um individuelle oder gemeinsame Erinnerungen handelt. Informationen werden auf Wahrnehmungsinseln gespeichert. Menschliche Interaktionen sind magische Ereignisse, die stattfinden, wenn Stränge von zwei oder mehr leuchtenden Wesen interagieren und ineinander greifen. Das Universum besteht aus unzähligen Positionen des Montagepunktes, an denen Stränge bewusster Energie vereinigt werden. Ereignisse in unserem Leben sind ‚Erfahrungen in der Komplexität des Bewusstseins'.

Lebensereignisse werden gespeichert und können,

durch die Bewegung des Montagepunkts an die exakt gleiche Position, erneut aufgerufen werden. Dies führt dazu, dass die Erfahrungen wieder erlebt werden. Viele Kindheitsereignisse werden normalerweise vergessen, können aber in großer Intensität und Detailtiefe wieder auftauchen und neu erlebt werden. Das Ziel der Psychotherapie besteht oft darin, ein vergessenes Ereignis, das ungelöste Konflikte oder Stresszustände beinhaltet, an die Oberfläche zu bringen, es noch einmal zu erleben, es dadurch zu neutralisieren, damit es keine Angst und negatives Verhalten mehr verursacht. In unseren individualistischen Leben speichern und verbergen wir eine ganze Menge Erfahrungen, sodass es fast unmöglich ist, sie wieder zu eröffnen.

Juan Matus führte die Idee der Psychotherapie zu einem logischen Extrem. Eine der wichtigsten Facetten von Matus Zaubereitraining heißt ‚die Rekapitulation'. Jeder Lehrling wird beauftragt, sich Zeit zu nehmen, in der Regel einige Jahre, um jedes Ereignis in seinem früheren Leben noch einmal zu besuchen und neu zu erleben.

Laut Matus sendet der leuchtende Körper ständig feinste Filamente aus, die von Gefühlen und Emotionen aktiviert werden. Bei einer Interaktion mit einem anderen Kokon senden beide Personen Filamente in das Innere des anderen Kokons. Wenn die Interaktion nicht vollständig geklärt ist, wenn die Kokons sich trennen, lässt jede Partei Filamente im Kokon der anderen Person oder der involvierten Personen zurück. In diesem Fall verlieren beide Parteien Energie.

Im Laufe des menschlichen Lebens sammeln sich fremde Filamente im eigenen Kokon an. Diese zurückgelassenen fremden Filamente sind emotionale Aussagen von ungelösten zwischenmenschlichen Konflikten mit anderen Wesen. Sie werden zur Grundlage interpersönlicher

Konflikte, während wir uns gleichzeitig im inneren Konflikt mit uns selbst befinden. Sie sind der Treibstoff für unsere chronischen Aufwallungen von Selbstmitleid und Selbstwertgefühl. Der Langzeiteffekt dieses Austauschs ist ein Verlust an Energie und somit ein Verlust an Freiheit.

In Matus Rekapitulationsprozess werden diese vergangenen Ereignisse neu und oft mit größerer Klarheit und Intensität erlebt, als sie während der ursprünglichen Erfahrung erlebt wurde. Sobald ein Ereignis fokussiert und erneut erlebt wird, erlaubt bewusstes Atmen dem leuchtenden Wesen, die von anderen hinterlassenen Filamente auszustoßen. Gleichzeitig gewinnt es die eigenen Filamente zurück, die es in anderen Wesen zurückgelassen hat, die bei einem Ereignis anwesend waren.

Mütter und Väter geben ihren Kindern in der Regel so viel von ihren Hoffnungen, Ängsten und Erwartungen mit, dass die Eltern tatsächlich Löcher in ihren Energiekörpern bekommen. Aber diese können repariert und die Energie kann zurückgewonnen werden. Dass die Filamente der Eltern aus ihren leuchtenden Kugeln entfernt werden, schadet den Kinder nicht.

Wir erben auch Inseln gespeicherter Erfahrungen von unseren Eltern oder Erziehern. Bei Kindern hat sich der innerer Dialog noch nicht entwickelt und der Montagepunkt bewegt sich noch frei. Durch unabsichtliches gemeinsames Träumen mit Eltern oder Betreuern oder, wenn wir einfach Zeit mit ihnen verbringen, nehmen wir ihre gespeicherten Erfahrungen ganz ohne Worte auf.

Auch Ahnen-, Familien- und Stammeserinnerungen können unwissentlich weitergegeben werden, wenn miteinander in Wechselwirkung stehende leuchtende Wesen zusammen träumen. Als Babys sind unsere Montagepunkte völlig fließend und haben sich noch nicht in einer Position niedergelassen. Unsere Eltern oder Verantwortlichen geben Orte von Montagepunkten weiter, die Teil der endlosen Sammlung von "Inseln der Wahrnehmung" des Universums sind. Laut Matus haben wir alle aufgrund vergangener Erfahrungen von Familie, Stamm, Land und sogar den Zauberern des Altertums, Zugang zu vielen Inseln.

Auch großartige Kunstwerke können den Montagepunkt bewegen. Gedichte, Statuen, Denkmäler, Musik und Tanz können Teil der höchsten Formen der Zauberei sein. Sie können uns zu einer Position des Montagepunktes der Künstler oder Baumeister bringen.

Werbetreibende, Verkäufer und Politiker praktizieren auch Formen der Zauberei. Unsere Wahrnehmung kann positiv oder negativ verändert werden und wir können, oder können nicht, bemerken, dass wir von einer Position des Montagepunkts zu einer anderen bewegt werden.

* * * * *

Die Fähigkeit, Energie von früheren Bekannten in der Rekapitulation zurückzuerhalten, ist ein weiterer Fall, in dem sich die Philosophie von Juan Matus mit einem berühmten Rätsel der modernen Physik deckt.

Matus sagte, dass wir Energie an andere leuchtende Wesen senden und entziehen können, die sich an weit entfernten, unbekannten Orten befinden. Das Prinzip der Quantenverschränkung erklärt, dass Elektronen an verschiedenen Orten, scheinbar in keinster Weise miteinander verbunden, sich gegenseitig beeinflussen können. Dies wäre in einem Universum unendlicher Stränge von bewusster Energie normal.

Wir können sogar noch einen Schritt weiter gehen und vorschlagen, dass der Quantensprung selbst, bei dem ein beobachtetes erhitztes Elektron von einer Ebene zur anderen springt, anstatt sich langsam zu erweitern, das

Ergebnis der Dualität der Wahrnehmung ist. Selbst im Elektronenmikroskop beobachten Wissenschaftler Ereignisse der ersten Aufmerksamkeit. Daher existiert eine kleine Lücke in Zeit und Raum, zwischen dem, was beobachtet wird, und der vorher wahrgenommenen rohen Energie des Universums.

Noch allgemeiner gesagt, kann der Grund, dass Licht sowohl als Welle als auch als Teilchen aufgefasst werden kann, durchaus auch etwas mit der ersten und zweiten Aufmerksamkeit zu tun haben.

11

VERLOREN IN EINEM TRAUM

Castanedas Sammlung literarischer Werke kann in vier Phasen unterteilt werden.

Die erste Phase umfasst die vier Bücher, die zu Lebzeiten Don Juan Matus geschrieben wurden und unmittelbar danach. Diese Phase erzählt über die 13 Jahre von Castanedas Reisen mit Matus in und um die Wüste und die Berge von Mexiko und Arizona. Sie endete mit Castanedas Sprung von der Klippe, während Matus aus unserer Welt verschwand. Diese Bücher waren hauptsächlich geradlinige Berichte von der ersten Aufmerksamkeit geschrieben. Castaneda hatte Abenteuer, machte Notizen und schrieb, was mit ihm geschah, in vier Büchern nieder.

Die zweite Phase umfasste die nächsten vier Bücher. Geschrieben nach dem Verschwinden von Don Juan, berichten diese über die Geschichte von Castanedas Rückkehr nach Mexiko, seiner Wiedervereinigung mit den verbliebenen Lehrlingen und seine über ein Jahrzehnt andauernden Bemühungen, sich an die vergessenen Ereignisse und Lehren aus seiner Zeit mit Don Juan zu erinnern.

Das Thema war der Prozess, die zweite Aufmerksamkeit zu entdecken und die Erinnerungen, die dort gespeichert sind, zurückzuerlangen. Die Rückgewinnung der Erinnerungen aus der zweiten Aufmerksamkeit öffneten Castaneda in die Gesamtheit seines Selbst, was seinem früheren Leben ganz neue Bedeutung verlieh.

Die Kunst des Träumens, 1993, 20 Jahre nach Matus Verschwinden veröffentlicht, ist die dritte Phase. In diesem Buch beschrieb er seine letzten Abenteuer und Missgeschicke mit Juan Matus in der zweiten Aufmerksamkeit, an die er sich durch die Praxis des Träumens erinnert hatte. Diese Ereignisse endeten mit einem Übergang in die vierte Phase seines Lebens und seiner Arbeit, als er zurück nach Los Angeles zog.

* * * * *

In Don Juans Philosophie gibt es zwei Grundtypen von Zauberern: Träumer und Pirscher. Zauberei ist die Fähigkeit, den Montagepunkt zu bewegen. Träumer erreichen dies, indem sie sich beim Träumen der natürlichen Bewegung des Montagepunktes bewusst werden und dann ihr Bewusstsein an der neuen Position stabilisieren. Pirscher tun dies, indem sie ihr Verhalten systematisch verändern, bis das neue Verhalten den Montagepunkt veranlasst, sich zu bewegen.

Castaneda war ein Träumer und *Die Kunst des Träumens* ist eine äußerst vollständige Beschreibung seiner Spezialität.

Während unseres frühen Lebens lernen wir, unseren Montagepunkt an der Position zu fixieren, die uns von unseren Älteren gezeigt und gelehrt wurde. Später im Leben erlauben wir ihm selten, wenn überhaupt, von der vorgeschriebenen und vereinbarten Position abzuweichen.

Normalerweise ist es wahrscheinlich, dass wir ihn, wenn wir in unserem Leben Informationen sammeln, die unseren Fokus verschärfen und verstärken, noch stärker an seinem Punkt verankern.

Selten kommt es vor, dass der Montagepunkt durch Krankheit, Schock oder andere extreme Emotionen bewegt wird; wenn dies der Fall ist, führt dies zu extremer Angst und Orientierungslosigkeit und zwingt uns, schnell an unsere gewohnte Position zurückzukehren.

Es ist unmöglich, den Montagepunkt durch einen bewussten Befehl zu bewegen, doch während des Schlafes und Träumens bewegt er sich auf natürliche Weise. Nach Ansicht von Matus entwickelten die alten Zauberer Techniken, um diese natürliche Bewegung des Montagepunktes zu ihrem Vorteil zu nutzen, um so ihre Wahrnehmungsfähigkeit über ihre normalen Fähigkeiten hinaus zu entwickeln.

Matus sagte, dass wir dem anderen Selbst begegnen und es durch eine verbesserte Art des Träumens näher an unser normales Bewusstsein heranbringen können. Er brachte dies Castaneda bei, der die Lernkurve beschrieb, die er beherrschen musste, um diese Kunst zu meistern. Juan Matus sagte, dass Träumen die einzige von den alten Zauberern entwickelte und vorgeschriebene Lehrmethode sei, um zu lernen, die zweite Aufmerksamkeit zu nutzen und das andere Selbst zu erreichen.

Er warnte jedoch auch, dass Träumen ‚die gefährlichste Facette des Wissens der Zauberer, ... pure Angst, ein wahrer Albtraum', sei. Der Pfad des Träumens führte Entdecker des Bewusstseins zu ultimativen Tests. Die Welt des Träumens ist eine ‚Zwei-Wege-Lücke' zwischen unserer Welt und anderen Welten.

Zu Beginn seiner Ausbildung entdeckte Castaneda, dass

jeder scheinbar zufällige Spaziergang in der Wüste oder jede Begegnung mit einem Händler oder Fremden auf einem städtischen Markt, sich sofort in eine Frage von Leben oder Tod verwandeln konnte. Wenn er mit Matus zusammen war, war die Welt erfüllt von unbekannten Mächten.

Beim Erlernen des Träumens sah sich Castaneda Gefahren ausgesetzt, die sich ‚hundertfach verstärkten', nachdem sein Glaube, dass Träume nur etwas sind, das geschieht, während wir schlafen, unwiderruflich zerstört worden war.

*****

Das Träumen ist die einzige Gelegenheit in unserem normalen Leben, wo sich unser Montagepunkt aus seiner fixen Position löst und zu anderen Positionen bewegt. Matus Philosophie legt nahe, dass dies sowohl die Bedeutung, wie auch der Grund für den Schlaf ist.

Warum müssen wir schlafen und träumen? Warum können wir nicht einfach unsere Augen schließen und unsere Körper ruhen lassen? Warum müssen wir uns in einen teilweise unbewussten Zustand begeben, um uns vollkommen auszuruhen? Liegt es vielleicht daran, dass das unbewusste autonome System, das unseren Montagepunkt festhält und unser Bewusstsein fokussiert hält, ruht? Die Aufrechterhaltung unseres normalen stabilen Bewusstseinszustandes erfordert große Anstrengung. Unbewusst sind wir während unserer Wach-Zeit ständig damit beschäftigt. Wir müssen in eine Art von halbbewussten Schlafzustand fallen, um uns von dieser Anstrengung zu erholen. Wir ruhen erst wirklich, wenn der Montagepunkt vorübergehend aus seiner Fixierung gelöst ist. Danach fühlen wir uns erfrischt und können wieder von Neuem beginnen. Ohne richtigen Schlaf werden wir verrückt.

Sobald sich unsere brabbelnden Gedanken beruhigt haben, schlafen wir. Unser Montagepunkt lässt los und kehrt in seinen natürlichen Zustand zurück, in dem er sich fließend bewegt. Wenn sich der Montagepunkt bewegt, richtet er andere Gruppen von Emanationen aus dem Universum aus und wir träumen. Wir sind uns einiger unserer Träume bewusst, aber nicht immer, manchmal erinnern wir uns an sie, meistens jedoch nicht.

Je tiefer sich der Montagepunkt ins Träumen bewegt, desto mehr verschiebt er sich weg von unseren normalen Gedanken und der Sprache. Wir betreten den Bereich des stillen Wissens, in dem Dinge ohne Sprache erfahren und erkannt werden. Manchmal stecken wir in einer Lücke zwischen Sprache und Stille fest, wir wollen sprechen oder schreien, aber wir produzieren nur Geräusche. Wenn wir später aus diesem Zustand erwachen, behauptet sich die Sprache wieder. Unsere Gedanken starten unsere Sprache neu und der Traum verschwindet aus dem Bewusstsein, weil er jenseits von Sprache ist. Wenn wir den Traum nicht schnell mit Worten aufschreiben, ist er vergessen. Wir vergessen sogar, dass wir geträumt haben, oder wenn wir uns erinnern, vergessen wir, was wir geträumt haben.

Wenn wir entsprechend üben, können wir uns allmählich unserer Träume, so wie wir sie geträumt haben und der Übergänge in und aus den Träumen, bewusst werden. Wir können uns sogar trainieren, uns an mehr zu erinnern. Dies wird oft bei verschiedener Arten von Psychotherapie oder Hypnotherapie angeordnet, um Gefühle, Bilder und Symbole wiederaufleben zu lassen, die uns helfen, unser tägliches Verhalten zu verstehen und zu verbessern. Laut Castaneda hat diese Art der psychologischen Analyse von Träumen jedoch nur begrenztem Wert. Es hält uns in unserer Welt der Selbstreflexion gefangen. Er sagt, dass es möglich ist, unsere Träume zu nutzen, um darüber hinaus zu gehen.

*****

Die meisten von uns sind sich des Einschlafvorgangs nicht bewusst. Wir wissen nicht, wann unsere Träume beginnen und wann sie enden, dann wachen wir abrupt auf und neigen dazu, alles oder fast alles zu vergessen. Um aus Träumen Nutzen zu ziehen, lehrte Matus Castaneda zunächst einen dreistufigen Prozess. Er lehrte ihn, sich des Übergangs beim Einschlafen und beim Eintritt in einen Traum bewusst zu werden; dann zeigte er ihm, wie er die Bilder in seinem Traum festhalten konnte; und schließlich brachte er ihm bei, sich an den Traum zu erinnern, wenn er aufwachte. Diese drei Schritte bilden das, was Matus ‚das erste Tor des Träumens' genannt hat.

Wenn wir wach sind, befinden wir uns in der ersten Aufmerksamkeit. Wenn wir schlafen und träumen, gehen wir in das, was Matus ‚Traum-Aufmerksamkeit' nannte. Diese ist ein Zwischenschritt zur zweiten Aufmerksamkeit und gehört in den Bereich des Bewusstseins, nachdem sich das erste Tor des Träumens geöffnet hat. Wie ein Fluss, der zu einem Ozean führt, ist die zweite Aufmerksamkeit wesentlich größer. Nachdem wir das erste Tor passiert haben, befinden wir auf einem Fluss, der zum zweiten Tor des Träumens führt. Jenseits dieses zweiten Tores liegt der Ozean, die gesamte zweite Aufmerksamkeit.

Die erste Aufmerksamkeit darf sich normalerweise der zweiten nicht bewusst sein. Sich bewusst zu werden, wie das wache Bewusstsein ins Träumen übergeht, muss von der Traumaufmerksamkeit, nicht von der ersten Aufmerksamkeit ausgehen. Die erste Aufmerksamkeit besitzt keine vorgegebenen Schritte dafür. Es muss schlicht beabsichtigt werden - konsequent und wiederholt. Die Traum-Aufmerksamkeit lernt dies schrittweise durch konsequentes Training.

In normalen Träumen stoßen wir normalerweise auf viele voneinander unabhängige Bilder, die nicht notwendigerweise zu einer kohärenten Welt zusammengesetzt sind. Wir treten auch nicht bewusst in den Traum ein, noch sind wir uns bewusst, dass wir darin sind, bevor etwas passiert. Matus lehrte Castaneda, innezuhalten, um in einen Traum einzutreten, seine Aufmerksamkeit zu ordnen und die Welt in diesem Traum zusammenzufügen. Dies geschah, indem er seine Aufmerksamkeit im Traum von einem Gegenstand zum nächsten lenkte.

Durch ständige Übung ist der Träumer in der Lage, sich so auf Gegenstände in einer geträumten Welt zu konzentrieren, wie wir uns in unserer wachen Welt auf Gegenstände konzentrieren. Er kann lernen, wie sich alle Gegenstände in einem Traum zu einer Welt arrangieren, indem er kurze Blicke von einem Gegenstand zum anderen wirft. Ohne diese Technik neigt die Traum-Aufmerksamkeit dazu, einfach irgendetwas anzugaffen. Wenn wir uns intensiv auf eine Sache konzentrieren, verwandelt sich dieses, aus reiner Energie bestehende, Objekt in etwas anderes. Die Traum-Aufmerksamkeit muss lernen, der Funktion eines Lockenden zu dienen, so wie es unsere erste Aufmerksamkeit tut. Sie muss die Welt vor sich einladen oder versammeln, um sie in eine geordnete Welt zu verwandeln.

Nachdem wir das erste Tor des Träumens durch das Lernen dieser Techniken passiert haben, ist es möglich, in einen Traum einzutreten und die Bilder genau so festzuhalten, wie wir die Bilder unserer normalen Welt festhalten. Dadurch ist es möglich, unser operatives Selbst, das Castaneda den ‚Energiekörper' nennt, im Traum zu entdecken.

Dieser ist ein ‚geisterhaftes Gegenstück zu unserem physischen Körper'.

Der Energiekörper ist das andere Selbst oder das Double. Er befindet sich im zweiten und größeren Teil unseres Gesamtbewusstseins, das durch den zweistufigen Prozess der Wahrnehmung abgetrennt wird, der unser alltägliches Bewusstsein schafft. Träumen ist der praktische Weg, um das andere Selbst zu erreichen. Das andere Selbst oder der Energiekörper bestehen, wie wir in unserer normalen Wahrnehmung auch, aus Energie. Aber es fehlt ihm an der Übereinkunft, Masse zu haben und an unsere normale physische Welt gebunden zu sein.

Castaneda sagte, dass es zwei Jahre ständiger Übung erforderte, um das erste Tor des Träumens zu passieren, wo er sich des Einschlafens bewusst wurde, Bilder in Träumen festhalten konnte und sein Bewusstsein in seinen Energiekörper eintreten konnte. Danach bestand seine Traumpraxis aus einem weiteren Training, nämlich den Energiekörper zu entwickeln und zu nutzen. Er muss bis zu dem Punkt perfektioniert werden, dass er eine gewisse Kontrolle über die Traum-Aufmerksamkeit hatte, um eventuell zu stoppen und wenn nötig, in die normale Wahrnehmung zurückzukehren.

Diese Fähigkeit zu entwickeln und zu nutzen, hängt letztlich davon ab, wie wir unsere Energie während unserer wachen Stunden nutzen. Unser Leuchtkörper verfügt über eine bestimmte Menge Energie. Jederzeit und auf welcher Ebene auch immer wir handeln und wahrnehmen, verbrauchen wir ständig all unsere verfügbare Energie. Wir wenden nämlich unsere gesamte Energie dazu auf, unseren Montagepunkt durch unsere Gedanken, Gewohnheiten und Taten in seiner Position festhalten, um so unsere Welt und unsere Identität zu erhalten. Wir besitzen keine überschüssige

Energie, außer wir ordnen unsere Gewohnheiten und Gedanken neu und befreien uns von unnötigen Obsessionen.

Um Energie zu bekommen, um unseren Traumkörper zu entwickeln und mit ihm Bereiche zu erforschen, die während des Träumens zugänglich sind, müssen wir Energie freisetzen, die normalerweise dazu verwendet wird, mit unserer normalen, verschlingenden, täglichen Welt umzugehen. Wenn unser normales Bewusstsein angefüllt ist mit Routinen, schweren Emotionen und Ängsten über das Selbst, wird unsere Freiheit beim Träumen durch Symbole dieser Ängste und Sorgen geschmälert. Wir werden nicht genug Energie haben, um in Träumen Bewusstsein und Willen zu entwickeln.

Energie muss mithilfe der Rekapitulationstechnik freigesetzt werden. Wenn ein Träumer nicht weiter vorankommt, muss er zur Rekapitulation zurückkehren, dieser extremsten Form der Psychoanalyse, die früher beschrieben wurde. Er muss noch mehr Lebenserinnerungen ausgraben, in denen seine Energie verloren gegangen ist und fremde Energie in seinem leuchtenden Wesen zurückblieb. Schließlich haben sie genügend fremde Filamente ausgestoßen und genug von ihrer eigenen verlorenen Energie zurückgewonnen, um weitermachen zu können.

Durch das erste Tor des Träumens zu gehen, scheint gefahrlos und harmlos. In diesem Bereich wird uns jedoch die erstaunliche Tatsache klar, dass wir in der Welt unserer Traum-Aufmerksamkeit Bewusstsein besitzen. Wir begegnen unserem Energiekörper und lernen, ihn zu nutzen. Laut Matus wird uns allmählich bewusst, dass unter der Vielzahl von Gegenständen in unseren Träumen ‚reale und energetische Interferenzen existieren, Dinge, die von einer außerirdischen Kraft in unsere Träume eingebracht wurden'. Diese fremden Kräfte sind da, um mit uns zu interagieren.

Matus sagte: ‚Träume sind, wenn nicht eine Tür, dann zumindest eine Lücke in andere Welten ... Träume sind zweispurige Straßen'. Unser Bewusstsein kann durch diese Lücke in andere Sphären gelangen und ebenso können Besucher und Abgesandte aus anderen Bereichen durch die Lücke zu uns kommen, um uns in der Traum-Aufmerksamkeit zu treffen.

In der Gegend gleich hinter dem ersten Tor zum Träumen, sind Träumer immer noch relativ sicher, doch ist das Gebiet voller Scouts und Entdecker aus dem nächsten Gebiet, der gesamten zweiten Aufmerksamkeit. Sie kommen zu uns aus dem gleichen Grund, aus dem wir uns ihnen verfügbar machen. Wir sind alle Reisende und Entdecker in einem Universum, das sich selbst kennenlernen möchte. Wir sind die Instrumente, durch die sich das Universum selbst erkennt.

In unseren üblichen bruchstückhaften, halb erinnerten Träumen gibt es viele Elemente, die einfach Bilder und Erinnerungen aus unserem täglichen Leben sind. Es gibt auch Gegenstände, die irrational oder fehl am Platz erscheinen, doch wenn wir tiefer blicken und sie analysieren, stellen wir fest, dass auch sie symbolisch für Dinge aus unserem wachen Leben sind. Dies ist der Bereich, in dem Psychoanalytiker arbeiten. Es gibt in unseren normalen Träumen aber auch viele zufällige Dinge, die keinen Sinn ergeben und sich nicht einmal symbolisch auf unser normales Leben beziehen.

Wir sind uns dessen normalerweise zwar nicht bewusst, aber wir werden in unseren Träumen ständig von Besuchern aus dem Unbekannten bombardiert. Diese Angriffe kommen aus dem nächsten Bereich, in den die Träumer jenseits des zweiten Tores eintreten. Es ist eine Dimension voll von anderen energetischen Wesen. Manche dieser Wesen bewohnen auch unsere Erde; andere sind Besucher von weiter weg. Sie kommen nicht physisch zu uns, sondern sie projizieren ihre Energiekörper in unsere Traumaufmerksamkeit und erscheinen uns, genauso wie wir in unsere Energiekörper eintreten und in ihrer Traumaufmerksamkeit erscheinen können.

Diese Kundschafter sind äußerst neugierig auf uns. Wie auch wir, sind sie auf der Suche nach mehr Bewusstsein und Energie. Wenn wir träumen, betreten wir eine Welt, in der sich uns fremde Wesen offenbaren können. Sie senden Entdecker aus, um nach Träumern zu suchen, die dabei sind, ihr Bewusstsein zu entwickeln, und wir machen es genauso.

Wenn wir uns darauf konzentrieren, unsere Traum-Aufmerksamkeit zu entwickeln, zeigen wir ihnen unsere Absicht und unser neu gestärktes Bewusstsein und machen uns ihnen in der Nähe ihres Bereiches zugänglich, wie ein Köder.

Die fremden Wesen können nicht von sich aus eine Begegnung mit uns initiieren, wenn wir uns in der zwischenzeitlichen Traumaufmerksamkeit befinden. Wir sind immer noch durch unsere Grenzen der Wahrnehmung geschützt. Nur wenn wir selbst Kontakt aufnehmen, sind sie in der Lage, sich mit uns einzulassen und mit uns zu interagieren. Sie ermutigen uns, sie in ihre Welt der zweiten Aufmerksamkeit zu begleiten. Es liegt allein an uns, ob wir ihnen folgen wollen oder es ablehnen.

Nach dem ersten Tor der Traum-Aufmerksamkeit, aber noch vor dem zweiten Tor, sind wir immer noch durch unsere ganz normalen Barrieren geschützt. Bis wir das zweite Tor passieren, können wir immer noch glauben, dass wir ‚nur träumen', wenn auch in einer verbesserten Form. Doch auch in diesem Zwischenreich besteht die Gefahr von plötzlichen Schocks. Ein fremdes Bewusstsein könnte uns durch Angst zum plötzlichen Erwachen zwingen und uns dann ‚durch den Kanal der Angst' in unsere alltägliche Welt folgen. So kann diese fremde Energie in unsere Welt eintreten, dort stranden und in unser Leben eindringen; es ist auch möglich, dass unser Energiekörper in ihr Reich eindringt und dort gefangen wird oder verloren geht.

* * * * *

Das Erlernen der grundlegenden Techniken des Träumens ist mühsam; Castaneda brauchte mehr als zwei Jahre ununterbrochener Übung, um das erste Tor zu erreichen und zu durchqueren. Das zweite Tor des Träumens, in das weite und gefährliche Gebiet jenseits davon zu durchqueren, kann einfach sein. Wir müssen in unserem Traum nur die bewusste Absicht haben und unseren Willen ausdrücklich erklären.

Das Durchqueren des zweiten Tores des Träumens verleiht die Fähigkeit, Träume zu verändern, in anderen Worten, Welten zu verändern, ohne aufzuwachen. Das bedeutet, in einem Traum einzuschlafen und in einem anderen aufzuwachen. Dies kann auch geschehen, wenn wir einem Scout von einer Aufmerksamkeit in die nächste folgen, indem wir einfach die Absicht erklären, dies zu tun.

Beim Überschreiten dieser Grenze tritt der Träumer in eine viel größere und gefährlichere Art von Aufmerksamkeit ein. In diesem Bereich lernt der Träumer die Regeln und Gebräuche des Zauberträumens. Seine Vernunft erlebt schicksalhafte Herausforderungen und unvermeidlichen Prüfungen seiner Absicht und seiner Ausrichtung. Er realisiert nicht immer, wo er ist oder was er tut.

Laut Castaneda ist das Gebiet jenseits des zweiten Tores

des Träumens das Reich, in dem wir zum ersten Mal den anderen empfindungsfähigen Wesen begegnen, mit denen wir unseren Planeten teilen.

Etwa zwei Drittel der Energie im menschlichen Kokon gehört zum Reich des Unbekannten. Das letzte Drittel besteht aus Energie und Bewusstsein, zu denen wir Zugang erlangen können. Die Energie innerhalb des menschlichen Bandes ist in 48 Bändern organisiert. Wir verwenden in unserer normalen ersten Aufmerksamkeit nur zwei davon, um alle belebten und unbelebten Objekte in unserer Welt wahrzunehmen.

Sechs weitere Bänder von den 48 gehören zu einem Bereich der empfindungsfähigen Lebewesen, die die Erde und teilweise unsere wahrgenommene Welt mit uns teilen. Einige dieser Wesen erscheinen in unseren Träumen und suchen so Kontakt mit uns.

Auch diese Wesen haben energetische Kapseln mit Montagepunkten. Unsere Kapseln sind kugelförmig und unser Energieniveau leuchtet viel heller. Ihre Kapseln sind lang und kerzenförmig und erscheinen dunkler. Sie sehen mehr als wir, da ihre längliche Form mehr Variationen universaler Energie berührt, als unsere Kapseln, doch sie sehen mit einem schwächeren Licht.

Die Gesamtzahl dieser anorganischen Wesen ist geringer als die Gesamtzahl der organischen Wesen, die wir normalerweise in unseren gewohnten zwei Bändern wahrnehmen. Doch die Vielfalt der Typen ist viel größer, weil sie, im Gegensatz zu unseren zwei, sechs Bänder einnehmen. Sie unterscheiden sich von uns dadurch, dass sie zwar Bewusstsein, aber keinen Organismus haben. Ihre Lebensdauer ist unendlich viel länger als unsere; Matus glaubte, dass ihre verbleibende Lebensdauer mit der der Erde übereinstimmt. Auch ihr Energieniveau ist viel niedriger. Sie sind bereits seit Äonen präsent und werden noch weitere Äonen leben, während unser Leben viel kürzer, aber auch viel intensiver ist.

Sie führen ein statisches Dasein, wie Bäume, die seit unvorstellbar langer Zeit an einem Ort verwurzelt sind. In ihrer ersten Aufmerksamkeit leben diese körperlosen Wesen als stationäre Objekte. Weil sie in ihrer ersten Aufmerksamkeit statisch sind, haben sie ihre zweite Aufmerksamkeit überentwickelt und wurden Experten in deren Gebrauch. Sie haben Energiekörper wie wir, die jedoch nicht an die Welt ihrer ersten Aufmerksamkeit gebunden sind.

Von den 48 Bündeln bewusster Energie in unseren Kokons gehören nur zwei zu unserer normalen Welt, während sechs andere zur Welt dieser anorganischen Wesen gehören. Das Bewusstsein ihrer Welt ist teilweise, wie ein schalldichter Einbahn-Spiegel, mit unserem verbunden. Sie sehen uns, beneiden uns um unser Energieniveau, aber sie können uns nicht von sich aus kontaktieren. Normalerweise sind wir uns ihrer Anwesenheit überhaupt nicht bewusst, obwohl wir sie manchmal fühlen können.

Jenseits der sechs Bändern, die die Welt der anorganischen Partnerwesen ausmachen, gibt es weitere 40 Bänder, die zusammen mindestens 600 weitere Welten beinhalten. Um diese vielen Welten zu besuchen, müssen menschliche Entdecker des Bewusstseins erst die Welt der anorganischen Wesen durchqueren, um dort den Energieschub zu erhalten, der für weitere Reisen im Bewusstsein nötig ist.

* * * * *

Sobald wir in die zweite Aufmerksamkeit eintreten, sind wir gezwungen, mit diesen Wesen zu interagieren. Wenn wir ihnen in ihre Welt folgen, erscheinen sie uns irgendwie ‚wie ein riesiger Schwamm':

"Das erste, was es tat, war, mich durch einen riesigen Hohlraum oder eine Öffnung in die physische Masse, vor der ich stand, hineinzustoßen. Sobald ich mich innerhalb dieser Masse befand, erkannte ich, dass das Innere ebenso homogen porös wie das Äußere war, jedoch viel weicher aussah, als ob die Rauheit mit Sandpapier abgeschliffen worden wäre. Was ich sah, war eine Struktur, die aussah, wie das vergrößerte Bild eines Bienenstocks. Es gab unzählige geometrisch geformte Tunnel in alle Richtungen ... Die Tunnel schienen lebendig und bewusst zu sein; sie brutzelten.'

Die anorganischen Wesen sind unbeweglich, haben aber ein wesentlich ausgeklügelteres Bewusstsein als unseres, weil sie so viel älter sind. Da sie unbeweglich und unendlich erfahren sind, versuchen sie Dinge zu beeinflussen, die sich um sie herum bewegen und sind begierig nach dem höheren Energieniveau der Menschen.

Wenn ein Träumer in der Traumaufmerksamkeit ist, befindet er sich in dem Bereich, in dem die anorganischen Wesenheiten unserer Erde in ihrer zweiten Aufmerksamkeit agieren. Sie benutzen ihre Energiekörper dazu, Projektionen zu erzeugen, wenn Träumer in ihrem Reich aufkreuzen. Die anorganischen Wesen machen Träumer ausfindig und versuchen sie praktisch einzufangen. Sie können einen Träumer nicht dazu zwingen, etwas zu tun und sie können auch nicht lügen. Aber sie können viele der innersten Gefühle des Träumers lesen und Bilder und Projektionen erzeugen, die sie anzulocken oder erschrecken.

Sie gewinnen unsere Aufmerksamkeit, indem sie Bilder in unsere zweite Aufmerksamkeit projizieren, weil sie mit uns interagieren wollen. Sie sind motiviert, mit uns zu interagieren und wenn wir Träumer in einem anderen Bereich werden, bemühen auch wir uns um ein erweitertes

Bewusstsein. Wir werden äußerst sozial und suchen Individuen und Gruppen fremden Bewusstseins.

Im Vergleich zu ihnen sind wir wie kleine Kinder mit enorm viel Energie, aber ohne Raffinesse. Sie wissen, dass wir verwundbar sind und mithilfe ihres großen Wissens und ihrer ewig langen Lebensgeschichte auf unserem Planeten können sie uns leicht über Neugier, Freude oder Angst manipulieren. Sie wollen uns verleiten, ihre Welt zu betreten und uns freiwillig dort niederzulassen.

Die Entscheidung, in deren Welt zu bleiben, muss der Träumer freiwillig treffen. Einmal gemacht, ist sie unwiderruflich und der Träumer ist dann in dieser Welt gefangen. Das bedeutet, dass er in seinem normalen Bewusstsein stirbt und ein anorganisches körperloses Wesen wird, das in diesem Bereich ein unendlich langes Leben führt.

Don Juan nannte die anorganischen Wesen und die Art und Weise, wie unser Bewusstsein mit dem ihren zusammenwirkt, teuflisch. Aber er konnte nichts beitragen, um Castaneda bei der Entscheidung zu helfen, was er in ihrem Reich tun wollte. Als Träumer benötigte Castaneda ihre Anweisungen, um seine Traumübungen zu entwickeln und ihre Energie für weitere Reisen im Bewusstsein in die aufregenderen und gefährlicheren Bereiche jenseits ihres Reiches. Er musste selbst entscheiden, ob er das Angebot des sicheren Asyls, das sie allen Träumern anbieten, annehmen oder ablehnen sollte.

Um es noch teuflischer zu machen, werden Träumer von den anorganischen Wesen belehrt und unterstützt. Sobald ein Träumer ein gewisses Können entwickelt hat, begegnet er der ‚Stimme des Traumbotschafters', die ihn informiert und belehrt. Diese Stimme kommt von einem anorganischen Wesen und ist äußerst hilfreich, informativ und ehrlich. Die Stimme des Botschafters hat den Menschen seit ewigen Zeiten den Weg gezeigt, in der zweiten Aufmerksamkeit zu navigieren.

Don Juan versuchte, Castaneda beizubringen, wie man mit den scheinbar unschätzbaren Informationen der anorganischen Stimme umgeht. Tatsächlich kann die Stimme nur Informationen preisgeben, die der Träumer bereits in seiner zweiten Aufmerksamkeit gespeichert hat. Wir fühlen uns von den anorganischen Wesen wegen ihres ‚außergewöhnlichen Bewusstseins' angezogen. Sie scheinen unsere geheimsten Gedanken und Bedürfnisse zu kennen, weil sie so viel älter und erfahrener sind. Gleichzeitig haben sie aber Hintergedanken in Bezug auf uns.

Jeder Träumer muss dieses Reich durchschreiten und eine individuelle und endgültige Entscheidung bezüglich der Anziehungskraft der anorganischen Welt treffen. Sobald ein Träumer aus eigenem Antrieb seiner Anziehung widersteht, kann er frei in die spannende, aber gefährliche zweite Aufmerksamkeit weiterreisen. Wenn er jemals den Wunsch äußert, in ihrem Reich zu bleiben und unendlich lang zu leben, tritt er in eine geschützte, geschlossene Welt ein; seine Entscheidung ist endgültig und er muss für immer dort bleiben.

Die ultimative Anziehungskraft der anorganischen Wesen ist, dass ihre Welt wie ein Zufluchtsort für Menschen ist, die in der zweiten Aufmerksamkeit reisen. Die Welten jenseits des anorganischen Reichs sind für uns noch räuberischer und feindseliger, als unsere eigene. Bewusstseinszunahme kann nur durch Kämpfe auf Leben oder Tod in unbekannten Bereichen erreicht werden. Unsere Partnerwelt der anorganischen Wesen ist dagegen ein sicherer Ort.

Tatsächlich ist unsere Partnerwelt, immer präsent, gleich neben uns, hinter dem Einbahnspiegel, die ultimative Heimat der alten Zauberer. Laut Matus ließen sich die

Zauberer des Altertums übermäßig mit den anorganischen Wesen und der Stimme des Traumbotschafters ein. Sie nahmen an, dass diese Wesen in ihrem Interesse agierten und ihnen dabei halfen, Macht über ihre Mitmenschen zu gewinnen.

Es waren ursprünglich die anorganischen Wesen und ihre Projektionen, die aufgrund ihrer Beziehung zu den alten Zauberern, die Menschheit über den Montagepunkt und wie man ihn manipuliert, belehrten. Die alten Zauberer missverstanden diese Projektionen als Helfer oder Beschützer und bezeichneten sie als ihre Verbündeten. Schlussendlich, sagte Matus zu Castaneda, wurde ‚jeder Zauberer des Altertums unausweichlich zur Beute der anorganischen Wesen. Nachdem die anorganischen Wesen sie gefangen hatten, verliehen sie ihnen die Macht, als Vermittler zwischen unserer Welt und deren Welt - von den Menschen die Unterwelt genannt - zu agieren.'

Don Juan Matus erzählte Castaneda, dass er nach Jahren der Erforschung jenseits des Reichs der Verbündeten nur noch Abscheu gegenüber den alten Zauberern und den anorganischen Wesen, die er ‚unsere Cousins ersten Grades' nannte, empfunden hat. ‚Die Energie unserer Cousins ersten Grades ist ein Reinfall', sagte Don Juan. ‚Sie sind genauso im Arsch, wie wir.'

Castaneda wusste, dass er, wenn er ein neuer Seher werden wollte, zuerst die Schritte der alten Zauberer nachvollziehen musste, dann aber die Richtung hin zum Pfad der Freiheit ändern musste. Matus warnte ihn wiederholt, weil er Castanedas enorme Affinität zu den alten Zauberern und den anorganischen Wesen erkannte. Schlussendlich erlag Castaneda, trotz Matus Warnungen, den Verlockungen der Welt der anorganischen Wesen und geriet in Gefangenschaft.

Castaneda betrieb mit dieser Unterwelt eine lange Brautwerbung, die er vor Matus geheim hielt. Schließlich wurde Castaneda durch das Bild eines gefangenen, hilflosen und unschuldigen Kindes geködert, auch der ‚Blaue Scout' genannt. Castaneda nahm den Köder an und verschwand in dieser Welt, um das Phantomkind zu retten. Das hätte eigentlich das Ende seiner Geschichte sein sollen, aber Don Juan und seine Kohorten fanden ihn, retteten ihn und brachten ihn nach Mexiko zurück. Der Blaue Scout nutzte die Gelegenheit und kam mit. Castanedas Energie war völlig am Ende und er musste monatelang im Bett liegen bleiben, während Matus und die anderen Zauberer sein traumatisches Erlebnis nachbesprachen und ihm halfen, sich zu erholen. Sie waren geschockt, seine Geschichte zu hören; laut Don Juan und seinen Gefährten besuchte Castaneda ein Gebiet des anorganischen Reiches, das zwar seit dem Altertum bekannt ist, das aber keiner von ihnen je besucht hatte. Nicht nur das, auch die alten Zauberergeschichten erwähnten nicht, dass sie je in dieses Gebiet gegangen wären. Castanedas Geschichte seiner Gefangennahme und Rettung im 20. Jahrhundert wurde so zu einem Teil des alten Zauberer-Volkstums.

*****

Der nächste Schritt in Castanedas Training war, das dritte Tor des Träumens zu durchqueren. Das bedeutet, zwei Realitäten miteinander zu verbinden: die Traumwelt und die Realität der alltäglichen Welt. Der Moment des Einschlafens fungiert normalerweise als wirksame Barriere zwischen Wach-Bewusstsein und Traum-Bewusstsein. Unser Wachbewusstsein ist normal und vorhersehbar, während das Träumen ungewöhnlich und nicht vorhersehbar ist. Normalerweise ist es ziemlich selten, dass sich jemand in einem Zustand befindet, in dem er nicht sicher ist, ob er wach oder in einem Traum ist.

Nach Jahren des Trainings konnte sich Castanedas Traumkörper nach Belieben bewegen. Er wechselte beim Träumen wiederholt Welten und stellte schließlich fest, dass Gegenstände aus seinen Träumen in seiner täglichen Welt auftauchten. Er befand sich in einer Situation, in der er nicht immer wusste, ob er in seiner normalen Wahrnehmung war, in einem normalen Traum oder in einer gefährlichen und unbekannten geträumten Welt.

Da Scouts aus anderen Reichen ihn verfolgten und bereit waren, ihn in unbekannte Reiche zu entführen und anorganischen Wesen versuchten, ihn in ihre Welt zurückzuziehen, wurde es für Castaneda unabdingbar, immer genau zu wissen, womit er gerade konfrontiert war. Er musste wissen, ob ein Wesen, das er traf, nur ein Nachbar vom Ende der Straße war, oder eine unbekannte Macht aus einem anderen Bereich, die ihn jederzeit grundlos angreifen konnte, wie er ein Insekt tötete, das über seinen Schreibtisch krabbelte.

Manche mögen sagen, dass wir in unserer Alltagswelt gestrandet sind, mit einem Montagepunkt, der so stark an einen Ort gebunden ist, dass wir uns nicht einmal daran erinnern können, dass wir mit einem bestimmten Zweck von einem anderen Ort kamen. Ebenso können Träumer und Zauberer in Welten wandern und total vergessen, woher sie kamen und warum. Matus erzählte Geschichten von einigen Gefolgsmännern, die in andere dunkle und furchterregende Welten gingen und dort scheinbar jahrzehntelang gestrandet waren, um dann in diese Welt zurückkehrten, wo sich herausstellte, dass sie tatsächlich nur ein paar Tage weg gewesen waren. Wie Castaneda in der Welt der anorganischen Wesen können Träumer absichtlich oder versehentlich in Situationen gelangen, die schlimmer sind, als der Tod.

In Castanedas Werken gibt es düstere Bilder von Zauberern und Möchtegern-Zauberern, die in ausgedehnter oder endloser Qual gefangen waren. Dies geschah entweder durch eigene egoistische Suchwanderungen oder, weil sie von anderen zu Opfern gemacht wurden.

Laut Juan Matus haben Zauberer im Laufe der Jahrhunderte immer wieder versucht, Wege zu finden, ihr Leben zu verlängern und ihr Bewusstsein zu erweitern, mit den von Castaneda beschriebenen, schaurigen Ergebnisse. Nur wenige der dargestellten Ereignisse erwiesen sich als positive Errungenschaften, die meisten erscheinen schlimmer als der Tod. In Castanedas Werken tauchen mehrere Gescheiterte auf, die versuchten dem Tod zu trotzen.

Diese gefährlichen und verwirrenden Strömungen türmten sich auf, als Castaneda sich dem vierten Tor des Träumens näherte, das uns zur letzten Episode von *Die Kunst des Träumens* führte. Dies war die letzte Geschichte seiner Ausbildung, die Castaneda in Mexiko noch einmal erzählte.

Nach dem vierten Tor des Träumens kann der Energiekörper an bestimmte vorausgeplante Orte reisen, entweder in einer realen Welt oder in die Absicht anderer Welten. In anderen Worten, es ist möglich, von jemand anderen an einen bestimmten Ort geschickt zu werden. Matus sagte, dass durch die Absicht eines anderen an einen Ort zu reisen, sowohl als die schwierigste, wie auch die gefährlichste Traumübung definiert wird. Es war auch bei weitem ‚die Vorliebe der alten Zauberer'.

Matus enthüllte, dass eine der Lieblingsbeschäftigungen der primitiven alten Zauberer darin bestand, ihre Lehrlinge im Austausch gegen Macht oder Energie, effektiv in einen anderen Bereich in die Sklaverei zu verkaufen. Sobald der Lehrling den Punkt erreicht hatte, an dem er in die Absicht eines anderen reisen konnte, konnten sein Lehrer ihn in ein Reich manipulieren, das der Lehrer kannte, und ihn dort, gestrandet im Unbekannten, lassen. Die alten Zauberer waren dafür bekannt, ganze Gruppen von Menschen in andere Welten versetzt zu haben.

In einem weiteren entscheidenden Ereignis von Castanedas Lehrzeit lernte er einen alten Zauberer kennen, der Jahrhunderte, vielleicht sogar Jahrtausende, gelebt hatte. Dieser alte Zauberer war bekannt als derjenige, ‚der dem Tode trotzt'. Wie alle alten Zauberer war er in der Welt der anorganischen Wesen gefangen, fand aber irgendwie einen Weg, sein langes Leben als ein anorganisches Wesen beizubehalten, ohne als Gefangener in deren Reich eingesperrt zu sein. Er entkam dem Bereich, indem er sein Geschlecht in weiblich veränderte. Laut Castaneda ist das Universum in der zweiten Aufmerksamkeit überwiegend weiblich, daher wird das männliche Element, wegen seiner Seltenheit, besonders geschätzt. Auch das Geschlecht ist eine Position des Montagepunktes, daher kann ein männlicher Zauberer durch Einnehmen der richtigen Position zur Frau werden.

Dieser alte Zauberer wurde Teil von Don Juans Linie, indem er in jeder Zauberergeneration zur selben Kirche in Mexiko zurückkehrte, um den Anführer der Zauberer zu einem Handel zu zwingen: Energie für den, ‚der dem Tode trotzt' im Austausch gegen Wissen für den Zauberer und seine Kohorten. Über Jahrtausende hinweg war dieser Zauberer aus der alten Zeit Zeuge der Vergangenheit, sowohl auf der Erde, als auch in den fernen Regionen des Universums und hatte daher viele Geheimnisse zu enthüllen.

Als Anführer der neuen Generation musste Castaneda

den alten Zauberer treffen, der auch als "die Frau in der Kirche" bekannt ist. In einer Geste der falschen Großzügigkeit lehnte Castaneda es ab, irgendwelche Geschenke von ihr anzunehmen. Er sagte, dass er nur in Don Juans Stadt, wie sie vor 300 Jahren ausgesehen hatte, als der, ‚der dem Tode trotzt " zum ersten Mal mit ihrer Linie in Kontakt kam, spazieren gehen wolle.

Da sie fast eine Ewigkeit in dieser Gegend gelebt hatte, hatte sie ein klares Bild vom Marktplatz, der Kirche, den Straßen und Häusern, wie sie vor hunderten von Jahren waren. Sobald Castaneda das vierte Tor des Träumens überquert hatte, konnte er mit ihr in ihrer Erinnerung in dieser Stadt spazieren gehen.

Am Rückweg vom Abbild der alten Stadt nahm die Frau ihr Geschenk, den Energieaustausch, zu dem sie berechtigt war, von Castaneda, ohne es anzukündigen. Außerdem nahm sie ihn zu einem Ausflug an einen anderen Ort mit. Sie brachte Castaneda jedoch dazu, zu glauben, dass sie ihn einfach in die echte Stadt zurückgebracht hatte, von der sie im normalen Bewusstsein aufgebrochen waren, während sie ihn tatsächlich immer noch in ihre eigenen Erinnerungen führte. In diesem Zustand schaffte sie es, eine von Castanedas neuen Kohorten, eine Frau namens Carol Tiggs, in den Traum hineinzunehmen und sie dann erfolgreich zu entführen.

In der Annahme, dass er zwei Tage und eine Nacht fort war, wachte Castaneda von diesem Abenteuer auf und fand Don Juan und seine Kohorten auf ihn wartend. Sie teilten ihm mit, dass er nicht seit zwei, sondern seit neun Tagen vermisst wurde. Als er seine Geschichte erzählte, kamen sie zu dem Schluss, dass der ‚der dem Tode trotzt', es geschafft hatte, Carol mitzunehmen, um sich ihrem Schicksal anzuschließen – um hoffentlich mit Castaneda und seiner Gruppe in die dritte Aufmerksamkeit überzugehen.

Sie erzählten Castaneda, dass es ihm wieder gelungen war, in Bereiche des Träumens und der Zauberei vorzudringen, die Matus und seiner Linie bisher unbekannt waren. Castaneda hatte ein weiteres beispielloses Kapitel aus der Neuzeit zu den Erzählungen der alten Zauberer Mexikos hinzugefügt.

12

LANDUNG IN L.A.

Castanedas Geschichte über seine Gefangenschaft und die anschließende Rettung von seinen bahnbrechenden Erkundungen der zweiten Aufmerksamkeit ist ein weiterer plötzlicher Bruch in seiner Chronologie. Wenn wir erneut durch seine Werke gehen, begann es mit der psychedelischen Phase. Danach kam die Phase des Kriegers, der seinem Double begegnete und ins Unbekannte sprang. Dann kehrte er nach Mexiko zurück und brachte den Mythos der alten Zauberer ins Spiel. Schließlich verlor er sich und fand sich in erschreckenden Traumgeschichten wieder. Jetzt entdecken wir, dass er diese letzten Träume als Luke benutzte, um sich mit seiner neuen Gruppe von Lehrlingen in ein anderes Reich zu stürzen: Los Angeles.

Mit Grenzen, die rund um ihn herum zusammenbrachen, hat Castaneda sein Figuren-Ensemble neu arrangiert und die Geschichte von sich selbst, dem berühmten Zauberlehrling, neu verfasst. Alles diente jetzt zur Vorbereitung und zum Einstieg in die nächste und letzte Phase seiner persönlichen Geschichte, an seinem Lieblingsort in allen Welten: Los Angeles.

Für die meisten Leser hatte Castaneda zu diesem Zeitpunkt seine Eigendünkel zu weit getrieben, doch die Vielschichtigkeit beginnt sich zu entwirren. Darauf zu bestehen, dass Castaneda wirklich all seine Abenteuer mit Don Juan und den wechselnden Truppen von Lehrlingen hatte, und es dann schaffte, in Los Angeles als berühmter und wohlhabender Mann mit einem Harem von schönen und mächtigen Frauen und einer Menge von Gefolgsleuten, die ihn verehrten, auf seinen Füßen zu landen, war schwer zu glauben.

Rückblickend betrachtet würde das wahrscheinlichste Szenario in etwa so aussehen: Castaneda schrieb sein erstes Buch in den 1960er Jahren, um seine Doktorarbeit an der UCLA zu beginnen und sich als Anthropologe zu etablieren. Er hatte Zugang zu originalen Informationen von einer religiösen und magischen Tradition, deren Dogma ihn in die Konzepte der ersten und zweiten Aufmerksamkeit einweihte.

Diese Tradition war im Altertum in großen Teilen der Welt verbreitet. Es hätte zahlreiche schriftliche oder mündliche Berichte gegeben, die die Regeln dieser Ur-Religion definierten und Geschichten von ihren Heiligen und Anhängern erzählen. Diese Berichte wären während der Inquisition stark unterdrückt worden, also wäre alles, was übriggeblieben wäre, geheim gewesen. Diese ursprünglichen Informationen könnten formelle Abhandlungen über religiöse Gebote, oder Tagebücher, oder Mythen gewesen sein, die die Aktivitäten von echten oder mythologischen Helden der Tradition darstellten. Castanedas Originalität und Effektivität bei der Darstellung der Aktivitäten von Personen des 18. und 19. Jahrhundert in der Linie von Juan

Matus, könnten die Grundlage seiner Quellen in dieser Epoche darstellen.

Castaneda hätte, während er das erste Buch schrieb, die schicksalhafte Entscheidung treffen können, die UCLA zu betrügen, indem er sich in die Geschichte einbrachte, die er gefunden hatte. Er könnte den Charakter von Don Juan, basierend auf Informationen, die er von Anthropologen erhielt, mit denen er als Student an der UCLA gesprochen hatte, erfunden haben. Und er fügte sich dann selbst in der Rolle des Lehrlings hinzu.

Vielleicht hatte er gedacht, dass sein erstes Buch, *Die Lehren des Don Juan: Ein Yaqui-Weg des Wissens*, nur in Anthropologenkreisen und akademischen Zeitschriften kursieren und debattiert würde und dass dies genug für eine Promotion und anschließende Karriere als Professor für Anthropologie wäre. Als das Buch stattdessen äußerst populär und ein weltweiter Bestseller wurde, tat sich ihm eine völlig neue Welt von Möglichkeiten auf, sowohl lukrativ als auch betrügerisch.

Sobald Castaneda klar wurde, dass das erste Buch sowohl Kritikerlob als auch finanzielle Vorteile brachte, fragte er sich, was es schaden könnte, wenn er noch ein paar mehr schrieb? Die Möglichkeit, die Geschichte von Don Juan, dem Zauberer, in einen epischen Mythos vom Altertum bis ins 20. Jahrhundert hinein zu verwandeln, wurde Castaneda langsam bewusst.

Seine ersten drei Bücher könnten nur auf Interviews mit lokalen Informanten in Mexiko basieren, die einige alte Geschichten kannten. Sobald er die Philosophie des anderen Selbst und der zweiten Aufmerksamkeit kennenlernte, eröffneten sich ihm zahllose Möglichkeiten des Geschichtenerzählens. In diesem Szenario würde sich sein Betrug ausweiten und vertiefen, bis er zu schwerfällig wurde, da er sich unkontrollierbar mit seinem Privatleben in der ersten Aufmerksamkeit in den USA verflocht.

Gleichzeitig müsste seine literarische Leistung in diesem Szenario als verblüffend bezeichnet werden. Und die Veröffentlichung der Bücher von Florinda Grau Donner und Taisha Abelar in den Jahren 1991 und 1992, während seine Karriere immer noch in voller Blüte stand, war fantastisch.

* * * * *

In der Einleitung zu *Die Kunst des Träumens* (1993) erwähnte Castaneda drei neue weibliche Zauberlehrlinge als neue Partner und versprach, später über ihre Abenteuer und Belange zu schreiben. Mit anderen Worten, er sagte, dass es eine zweite Gruppe von Co-Lehrlingen gäbe, die sich ihm und Don Juan, ungefähr zwischen 1970 und 1973, angeschlossen hatten, vermutlich, nachdem die erste Gruppe von Lehrlingen sich als unrealisierbar erwiesen hatte. Diese Begründung ist schwer mit seinen früheren Schriften zu vereinbaren, aber es ist plausibel. Diese neue Gruppe bestand nur aus drei Frauen.

Die Schlussfolgerung ist, dass er die Mitglieder dieser Gruppe vor 1973 und nur in der zweiten Aufmerksamkeit getroffen haben muss. Das würde bedeuten, dass er keine Erinnerungen an sie hatte, bis sie mehr als ein Jahrzehnt später wieder in seiner ersten Aufmerksamkeit auftauchten. Er machte sich zwischen 1981, als er eine von ihnen kurz erwähnte und 1993, als er alle drei in *Die Kunst des Träumens* einführte, wieder mit ihnen vertraut.

Die erste war Carol Tiggs, die er auch die ‚Nagual-Frau' nannte. Sie wurde als Castanedas weibliches Gegenstück und Co-Anführerin der Zauberer seiner Generation bezeichnet. Juan Matus soll sie kurz nach seiner Begegnung mit Castaneda in Tucson, Arizona, rekrutiert haben. Sie arbeitete in einem Regierungsbüro, in das Matus für bestimmte Dokumente ging. Er gab vor, ein hilfloser, von der Bürokratie verwirrter, amerikanischer Ureinwohner zu sein und besuchte sie drei Monate lang wiederholt, bis er sie mit einem Trick dazu veranlasste, in sein Haus zu kommen.

Als Nagual Frau hätte sie 1973 mit Matus und seiner Gruppe die Welt verlassen sollen, doch das tat sie nicht. Die neue Geschichte besagt, dass sie sich vorher in Castanedas Traumabenteuer verstrickte, sowohl im anorganischen Bereich, als auch mit dem alten Zauberer, der als "die Frau in der Kirche" erschien. Anstatt Matus und seinen Kohorten zu folgen, verschwand Tiggs mit dem Zauberer.

Die anderen beiden Neuzugänge waren Taisha Abelar und Florinda Grau. Sie wurden beide nie richtig in Castanedas Büchern eingeführt. Stattdessen schrieben sie ihre eigenen.

Castanedas epische Geschichte, ein moderner Zauberlehrling zu sein, wurde nicht nur von einem, sondern sogar von zwei anderen Autoren angereichert, bestätigt und erweitert. Sie stellten sich jeweils als Charaktere auf parallelen Reisen zu Castanedas dar und in ihren Darstellungen haben sie alle Mitspieler getroffen und auf mehreren Bewusstseinsebenen mit ihnen interagieren. Für Castaneda, den Schriftsteller, bedeutete dies einen literarischen Triumph.

Castaneda, Grau und Abelar versuchten, diese drei Versionen der Geschichte durch eine Luke in die zeitgenössische historische Welt zu inszenieren. Sie alle trafen sich in Los Angeles. Sie gründeten auch ein Geschäft zusammen und rekrutierten neue Anhänger. Zusammen mit Lesern aus zwei Jahrzehnten versuchten alle, das neue Regime zu verstehen und zu akzeptieren, was jedoch unweigerlich zu Widersprüchen führte.

Castanedas Argumentation, dass er die neuen Lehrlinge, Grau und Abelar erst so spät, nämlich 1993 einführte, musste auf der Behauptung basieren, dass sie zwischen den Jahren 1970 und 1973 zusammen waren. Sie hatten nur in der zweiten Aufmerksamkeit miteinander zu tun und einander deshalb vergessen.

Grau dagegen sagte, sie habe Castaneda unzählige Male in Los Angeles besucht und sei wiederholt mit ihm nach Mexiko und wieder zurück nach Los Angeles gefahren und hatte 1973 sogar die Schlüssel zu seinem Heim. Haben sie die dreitägige Fahrt von Los Angeles nach Mexiko in der zweiten Aufmerksamkeit gemacht? Wir erfuhren später, dass Castaneda unmittelbar nach seinem Sprung von der Klippe, 1973, in sein Apartment in der UCLA zurückkehrte. Warum haben er und Grau sich in all den Jahren nach 1973, auf der Höhe seines Ruhmes, nicht in seinem Haus in Los Angeles gefunden, zu dem sie die Schlüssel hatte?

Florinda Grau, später als Florinda Donner bekannt, war eine Deutsche, die in Südamerika aufgewachsen ist. Sie sagte in ihrem Buch *Der Pfad des Träumens* (1991), dass sie viele Monate lang in Juan Matus Haus in Zentralmexiko mit seiner Gruppe alter Zauberer untergebracht war. Das geschah 1970, als sie noch an der UCLA war, aber bevor sie etwas über Carlos Castaneda wusste.

Sie sagte, sie wäre Castaneda zum ersten Mal unwissentlich in einer von Matus inszenierten Szene begegnet. Er legte in einem Café in Tucson absichtlich ein totes Insekt in ihren Hamburger, um eine Konfrontation zwischen ihr und Castaneda herauszufordern, der sich als Koch namens Joe Cortez ausgab. Ein Jahr später, 1971, als sie im Nebel in den Bergen nahe Los Angeles herumwanderte, traf sie ihn als Joe Cortez wieder. Danach ging sie zu einem Vortrag von Carlos Castaneda auf dem UCLA-Campus. Sie sah ihn auf der Bühne, erkannte ihn und ging hinter die Bühne, um ihn zu treffen.

Castaneda vermutete, dass zwischen ihnen eine außergewöhnliche Verbindung bestand. Er lud sie ein, ihn zum Haus der Zauberer in Mexiko zu begleiten, ohne zu ahnen, dass sie bereits dort war. Als sie ankamen, wurde sie freudig wieder mit der Zauberergruppe vereint. Sie wurde Teil des Lernzyklus von Castanedas Generation, mit ihm als Anführer. Laut Grau benutzte Castaneda viele Aliase, um das zu werden, was Matus als ‚Pirscher' bezeichnete. Neben Joe Cortez war er auch als Charlie Spider und Isidoro Baltazar bekannt.

Grau sagte, dass sie hauptsächlich von den weiblichen Mitgliedern der älteren Generation unterrichtet wurde. Ihr Training als weiblicher Zauberer unterschied sich von dem Castanedas. Als Frau war sie automatisch viel fließender beim Träumen. Ihr Lernen konzentrierte sich darauf, den Uterus als Hauptort von Macht und Intelligenz zu nutzen. Sie sagte, dass sie die Jahre des Zweifels und des Fragens, der Tricks und Schmeicheleien, die Castanedas Training charakterisierten, nicht durchstehen musste. Das Träumen auf verschiedenen Ebenen war für sie natürlich. Auf der anderen Seite schrieb sie kaum über die zugrunde liegenden Philosophien der leuchtenden Wesen und des Montagepunktes.

Castaneda sagte, der Hauptunterschied zwischen männlichen und weiblichen Lehrlingen bestehe darin, dass ‚männliche Kriegern ernsthafte Gründe brauchten, bevor sie sich ins Unbekannte wagten. Kriegerinnen sind davon nicht betroffen und können ohne Zögern gehen, vorausgesetzt, sie haben volles Vertrauen in denjenigen, der sie führt.' Eine andere Erklärung ist, dass Männer mehr Nüchternheit und Zielstrebigkeit besitzen, während Frauen mehr reines Talent und Intensität haben.

Grau sagte, dass sie mit Castaneda auf seiner letzten Reise zu Matus nach Mexiko gefahren sei, und zwar an dem Tag, an dem Castaneda erfuhr, dass die alten Zauberer diese Welt verlassen würden. Sie fuhren zwar zusammen hin, doch sie blieb im Haus der Zauberergruppe zurück, während Castanedas Reise weiter zu dem Plateau ging, wo er von der Klippe sprang. Er kehrte nie zurück, um sie wieder abzuholen; sie blieb bei einigen der alten Zauberer, die zurückgeblieben waren.

Abelars Buch, *The Sorcerers' Crossing*, erschien 1992, ein Jahr nach Grau's Buch. Abelar sagte, dass Don Juan Matus sie 1960 in Tucson entdeckt hatte, als sie erst 15 Jahre alt war. Als er in einem Autokino nach der Männertoilette suchte, betrat Matus versehentlich den Angestelltenbereich und unterbrach Abelar, die gerade plante, Sex mit einem anderen Angestellten zu haben. Er war so schockiert über die Unwahrscheinlichkeit dieser Begegnung, dass er ihr Treffen als Omen betrachtete. Er wies seine weiblichen Kohorten an, über die Jahre hinweg ihre Spur zu verfolgen, bis er schließlich eine von ihnen losschickte, um sie zu holen und nach Mexiko zu bringen.

Abelar verbrachte Jahre im Haus der Zauberer mit zwei Lehrern, einem Hausmeister und einem großen Hund namens Manfred, auch ein Zauberer (derselbe Hund, der Dona Soledad gegen Castaneda geholfen hat). Sie traf Juan Matus mehrmals in Mexiko.

Das Training von Abelar bestand hauptsächlich aus der Rekapitulation, der Technik des Erinnerns, wobei Erinnerungen in der ersten Aufmerksamkeit überprüft werden, während eine bestimmte Atemübung die energetischen Reste der erinnerten Interaktionen reinigt. Sie wurde auch in den ‚magischen Bewegungen' unterrichtet, physischen Bewegungen, die entworfen wurden, um die Energie im Körper und im anderen Selbst umzuleiten.

Während des größten Teils ihrer Ausbildung schlief sie in einem Baumhaus (mit einem Blitzableiter, um sie zu schützen) und verbrachte viele Tage in ausgeklügelten Harnischen, frei an hohen Ästen hängend. Abelar erfuhr zwar von Castaneda, dem ‚neuen Nagual', traf ihn aber nie. Einmal sah sie ihn aus der Entfernung mit Matus ganzer Gruppe.

Sie sagte: ‚Vier der Männer waren älter und sahen so wild aus, wie der Nagual, aber einer war jung. Seine Hautfarbe war dunkel; er war klein und schien sehr stark zu sein. Seine Haare waren schwarz und lockig. Wenn er sprach gestikulierte er lebhaft und sein Gesicht wirkte energisch, voller Ausdruck. Es war etwas an ihm, das ihn von allen anderen abhob. Mein Herz hüpfte und ich fühlte mich sofort zu ihm hingezogen.'

Nach *Der Kunst des Träumens* vergingen fünf Jahre ohne neue Bücher, bevor 1998 *Tensegrity* erschienen. In der Einleitung zu diesem Buch sagte Castaneda, dass er sein Schicksal angenommen hatte, dass er nicht fähig war, Don Juans Linie fortzuführen und weiterzugeben. Nach 27 Generationen endete Matus Linie mit ihm. Weil Castaneda das Wissen nicht an eine geheime Gruppe neuer Zauberer weitergeben würde, entschied er, dass seine Aufgabe darin bestand, öffentliche Wege zu finden, um das Wissen zu verbreiten.

Castaneda hatte bis zu diesem Zeitpunkt neun Bücher geschrieben. Er war damit fertig, sich an alle Lehren zu erinnern, mit denen er umgehen konnte und beschrieb sie in seinen Schriften. Aber ein Teil fehlte: *Tensegrity*, die magischen Bewegungen der Zauberer, die letzten Geheimnisse, die er besaß. Er beschloss, diesen letzten Teil geheimen Wissens als moderne Sammlung von Kampfsportübungen zu formulieren und sie unter dem Markennamen Tensegrity zu vermarkten.

Castaneda erklärte, dass die magischen Bewegungen nicht erfunden, sondern im Altertum von den Zauberern entdeckt wurden. Er sagte: ‚Während sie sich im Zustand erhöhten Bewusstseins befanden, bewegten sich ihre Körper unwillkürlich in bestimmter Weise, und diese bestimmten Wege ... verursachten ... ein ungewöhnliches Gefühl körperlicher und moralischer Fülle.' Don Juan fühlte, dass diese Bewegungen etwas wie ‚ein verborgenes Erbe der Menschheit' in unseren Körpern waren, das entdeckt werden musste, um die extremen Belastungen des Weges des Kriegers zu erleichtern und gleichzeitig den Körper biegsam und stark zu machen.

Castaneda sagte, Matus habe ihm beigebracht, dass der Körper sechs Hauptzentren der Vitalität besitzt. Die Härten und der Stress des Alltags schieben die Energie weit von diesen Zentren weg. Die ungenutzte Energie sammelt sich an der Peripherie der leuchtenden Kugel und verhärtet sich zu einer Kapsel. Die Durchführung der magischen Bewegungen bricht diese verhärtete Energie auf und führt sie zu den Vitalzentren des Körpers zurück.

Die sechs wichtigsten Zentren der Vitalität sind in der Reihenfolge ihrer Wichtigkeit aufgelistet: der Bereich der Leber und der Gallenblase; Bauchspeicheldrüse und Milz; Nieren und Nebennieren; der hohle Fleck vor dem Hals; die Gebärmutter; und die Oberseite des Kopfes.

Castaneda sagte, das Zentrum der Energie an der Oberseite des Kopfes sei von einer fremden Macht übernommen worden und verfüge über fremde Energie. ‚Das sechste Energiezentrum', sagte er, ‚gehört nicht ganz zum Menschen. Wir Menschen werden sozusagen belagert.

Dieses Zentrum wurde von einem Eindringling, einem unsichtbaren Räuber, übernommen. Und der einzige Weg, dieses Raubtier zu überwinden, besteht darin, alle anderen Zentren zu stärken.'

Sobald die neuen weiblichen Lehrlinge eingeführt waren, sehen wir nie wieder den alten Castaneda, den Lehrling Castaneda. Der notizenmachende, zweifelnde, fragende, nicht-sehende, verängstigte und verwirrte Student, der in den frühen Büchern für Juan Matus und Genaro Flores als Gegenpart diente, war verschwunden. Castaneda ist jetzt der ‚junge Nagual', der Anführer der neuen Generation. Was seine Anhänger betrifft, werden alte beschreibende Bezeichnungen wie Schüler, Kohorten und Lehrlinge häufig durch ein neues Wort ersetzt: Jünger.

13

EINE YAQUI SCHLUSSFOLGERUNG

Laut Matus war seine einheimische Yaqui-Indianer-Kultur nach mehreren Jahrhunderten der Unterdrückung zu einem kleinen Rest dessen, was sie einmal war, geschrumpft worden. Kleine Gruppen von Überlebenden, die an einzelnen Außenposten überlebt hatten, breiteten sich über die Sonora-Wüste in Arizona und Nordmexiko aus. Nachdem sie ihr Land an die Mexikaner und ihre Lebensweise an die spanischen Eroberer verloren hatten, sagte Don Juan, dass ihnen nur noch ihre Wut und ihr Selbstmitleid geblieben waren.

Castaneda versuchte mehrmals, eine Yaqui-Stadt zu besuchen, wurde aber ‚durch die pure Feindseligkeit der Leute, die rundherum lebten, dazu gebracht worden, umzukehren'. Regierungsbankiers waren die einzigen Außenseiter, die normalerweise in die Stadt durften, weil sie alle Ernten der Yaqui-Bauern aufkauften.

Don Juan brachte Castaneda einmal in die Stadt, während er sich in der zweiten Aufmerksamkeit befand. Obwohl er nicht Yaqui sprach, fühlte er, dass er eine klare Botschaft von ihnen erhalten hatte:

‚Diese Leute waren tatsächlich kriegerisch. Ihre Absichten waren Absichten von Zwietracht, Krieg, Strategien. Sie maßen ihre Stärke, ihre schlagkräftigen Ressourcen und beklagten die Tatsache, dass sie keine Macht hatten, ihre Strategien in die Tat umzusetzen. Ich registrierte mit meinem Körper die Qual ihrer Machtlosigkeit. Alles, was sie besaßen, um hochtechnologische Waffen zu bekämpfen, waren Stöcke und Steine. Sie trauerten über die Tatsache, dass sie keine Anführer hatten. Mehr als alles andere, was man sich vorstellen kann, sehnten sie sich nach dem Aufstieg eines charismatischen Kämpfers, der sie wachrütteln würde.'

Juan Matus sagte, dass sein besiegter und gedemütigter Stamm, die Yaquis, die grundlegenden menschlichen Bedingungen unserer Zeit versinnbildlichen würde. Wir fühlen uns geschlagen, gedemütigt und kraftlos gegenüber einer monströsen äußeren Macht, die unser Leben regiert und ruiniert. Dies ist die eine Sache, die die Menschheit gemäß Matus vereint, die wir alle gemeinsam haben. Alle Menschen haben das gleiche Gefühl von Empörung, Beleidigung, Selbstmitleid und Kummer - sogar Milliardäre und Präsidenten.

In jedem von Castaneda geschriebenen Buch kehrte Don Juan Matus zu diesem Thema zurück und hämmerte darauf herum. Die Hauptmerkmale der Menschheit sind dabei Selbstmitleid, sowie die damit einhergehende Selbstwichtigkeit. Dies sind die konsistenten und universellen Eigenschaften der Menschheit unserer Ära. Dies gilt für alle erwachsenen Menschen auf diesem Planeten, unabhängig von Ort, Rasse, Glauben oder Status. Unser innerer Dialog, der unsere Weltanschauung stabilisiert, ist voll mit Rezitationen von Problemen, unerfüllten Erwartungen, Missverständnissen, Frustrationen und endlosem Gejammer. Wir sind in diesem Dialog gefangen und können uns nicht einmal vorstellen, dass es in der Vergangenheit eine andere Art von Bewusstsein gegeben haben könnte oder dass in der Zukunft eine andere Art möglich wäre.

Wenn wir die Geschichte des menschlichen Bewusstseins mit einem Fluss vergleichen, sagte Matus, wurden wir in einem kleinen Wirbel gefangen und in einen seichten Seitenteich des Hauptflusses gezogen, wo wir endlos im Kreis gehen und nirgendwohin kommen. Er meinte, dass dies ein vorübergehender Zustand sei, der uns von außen auferlegt wurde.

Im früheren Zeitalter des stillen Wissens existierte, im Gegensatz zum heutigen Zeitalter der Vernunft, ein anderer Bereich von Bewusstsein und Wissen, zusammen mit einer anderen Art von Menschen. Matus Religion regierte damals und seine Anführer waren Frauen und Männer, die wir heute als Zauberer bezeichnen. In Bezug auf Bewusstsein war ihre Aktivitätsarena viel größer als unsere jetzige. Es war aber auch unbestreitbar eine wesentlich dunklere Zeit.

Sobald die Position der Vernunft klar erkannt wurde, bewegte sich die Menschheit in diese Richtung, weg von der ursprünglichen Verbindung mit der Natur und der willkürlich dominierenden Macht der alten Zauberer. Das Zeitalter der Vernunft brachte neue Herrscher mit einer neuen Art von Macht, aus Technologie entspringend.

Laut Matus war diese Bewegung von der Ära des stillen Wissens hin zur Ära der Sprache, Wissenschaft und Vernunft auch begleitet von einem besetzenden Eindringling aus einem anderen Bereich des Universums von bewusster Energie. Als wir uns einer Form des Bewusstseins näherten, die eng von der Vernunft begrenzt war und große Teile unserer Gesamtheit ungenutzt ließ, nutzte ein Raubtier diesen Vorteil aus. Es rückte an, ungesehen, um unser vernachlässigtes Bewusstsein, das die überwiegende Mehrheit unseres gesamten Bewusstseins ausmachte, als Nahrung zu nutzen.

Es ist auffallend, dass Castaneda bis zu den letzten Kapiteln seines letzten Buches wartete, um diesen Räuber, genannt der ‚Flieger', vorzustellen, aber es gab auch in früheren Werken einige klare, doch undefinierte und unerklärliche Hinweise darauf. Er sagte, die Anwesenheit der ‚Flieger' erklärt, warum wir nur einen so kleinen Teil unseres Gesamtwesens dazu benutzen, unser Leben zu leben und so wenig von der uns zur Verfügung stehenden Kraft verwenden und warum wir nur einen Bruchteil dessen wahrnehmen, was uns als Geburtsrecht als Kreaturen in einem Universum mit einer Vielzahl von Welten, zusteht.

Wie kommt es, dass wir große Bewusstseins- und Wahrnehmungsbereiche in unseren Wesen besitzen, doch davon abgeschnitten sind und in Verleugnung leben? Warum identifizieren wir uns ausschließlich mit unserem geträumten Selbst und leugnen den Träumer, unser Double, welches unser größter Teil ist? Wie können wir ein solches Doppelleben führen, uns jedoch nur an einen Teil, den kleineren davon, erinnern?

Nach Castaneda sind wir in diesem Zustand gefangen, weil er uns von außen, von diesem unsichtbaren Eindringling aus einem anderen Bereich, auferlegt wurde. Dieses monströse und bösartige Raubtier von irgendwo aus den Tiefen des Universums hat uns gefangen genommen. Es lebt mit uns und ernährt sich von unserem Bewusstsein, indem es uns kontrolliert, indem es uns sein eigenes Bewusstsein auferlegt. Es ist eine schlaue und gut organisierte Spezies halb sichtbarer Räuber, ein anorganisches Wesen aus unserer Zwillingswelt, das es geschafft hat, ‚den

Menschen, das magische Wesen, zu dem er bestimmt ist ... [in] ein durchschnittliches Stück Fleisch' zu verwandeln.

Wir werden wie Vieh gehalten und wiederholt unseres Bewusstseins beraubt. In einem ausgeklügelten Prozess nimmt sich der Räuber den größten Teil unseres Bewusstseins und lässt uns nur den Teil übrig, der in Selbstmitleid und Selbstwertgefühl aufflammt. Auch diese machtlosen Flammen werden in einem sich wiederholenden Prozess, der Hoffnungslosigkeit und ohnmächtige Wut erzeugt, verbraucht. Wie Gefangene, die eine unmöglich lange Haftstrafe verbüßen, ohne auch nur zu wissen, was ihr Vergehen war, verschwenden wir unsere Energie beim Kampf um den kümmerlichen Status und die Privilegien, über die wir in unserem Gefängnis verfügen.

Der Räuber hat irgendwie seinen eigenen Verstand auf unseren natürlichen Verstand aufgepflanzt. Da es sich um einen geheimen Räuber handelt, der eine ruchlose Tätigkeit ausübt, ist dieser räuberische Geist konspirativ, schlau, hinterhältig, ausweichend und heimtückisch. Vor allem fürchtet er, entdeckt und bloßgestellt zu werden. Da der Räuber seinen Geist auf unseren aufgepflanzt hat, glauben wir, dass seine angstvollen und paranoiden Gefühle und Sorgen unsere eigenen wichtigsten Gefühle und Sorgen sind. Wenn wir Schritte unternehmen, um den Räuber aus unserem Leben zu verbannen, fürchten wir den Zorn einer höheren Gerechtigkeit, weil dies die Sorgen des Räubers selbst sind. Er hat Todesangst davor, in seinen ruchlosen Machenschaften gefangen und bloßgestellt und in der Folge seiner Nahrung beraubt zu werden.

Genauso wie wiederholte Exposition notwendig ist, wenn wir die Form des Menschen sehen, um über den ersten Eindruck hinaus zu kommen, wo wir von der Herrlichkeit unseres eigenen archetypischen Bildes beeindruckt und überwältigt werden, so ist es mit dem 'Flieger'. Wiederholte Begegnungen mit dem Räuber sind notwendig, um über den extremen Horror, Angst, Schuld, Hoffnungslosigkeit und Machtlosigkeit hinwegzukommen, die wir bei der ersten Begegnung empfinden.

Wenn der ‚Flieger' wiederholt mit einem stillen Geist konfrontiert wird, verschwindet er. Innere Stille, das Gegenteil des inneren Dialogs, macht uns für den Räuber unverdaulich. Wenn der Räuber verschwindet, kehrt unser Bewusstsein zurück. Wir können unseren Mantel des Bewusstseins, unseren Glanz, zurückgewinnen. Laut Matus ist das der ‚härteste Tag im Leben für den wahren Geist, der zu uns gehört, mit der Gesamtheit unserer Erfahrungen konfrontiert zu werden, die nach der lebenslangen Dominanz schüchtern, unsicher und unstet geworden sind. Persönlich würde ich sagen, dass es die wahre Schlacht ist, ... die in diesem Moment beginnt. Der Rest ist einfach nur Vorbereitung.

Dieses furchterregende Monster, das uns regiert und gefangen hält, ist ein integraler Teil des Universums, ebenso wie wir. Menschen sind hoch entwickelte ‚energetische Sonden, die vom Universum erschaffen wurden'. Durch uns will das Universum sich seiner selbst bewusst werden. Die Monster, die uns gefangen halten, sind unsere Herausforderer. Es gibt keine andere Bezeichnung für sie. Nur wenn wir sie als solche betrachten, können wir weiterkommen.

14

GROSSVATER UND ANTOINE

Glauben müssen ist nicht dasselbe, wie einfach zu glauben. Wir denken, dass wir in einer Welt der Vernunft leben. Es gibt aber auch die Welt des Willens und der Kraft. Laut Matus ist die gefährlichste Zeit dann, wenn die Welt vor uns weder die eine noch die andere ist. Wenn dies geschieht, ist der Weg vorwärts, so zu tun, als ob man glauben würde. Um vorwärts zu kommen, müssen wir glauben, ohne zu glauben, doch das entbindet uns nicht davon, unsere Situation gründlich zu untersuchen.

Eine von Castanedas früheren Geschichten aus *Der Ring der Kraft* zeigt dies anschaulich: die Geschichte von Max, der Katze. Eine Freundin von Castaneda hat zwei verlassene Kätzchen gefunden und aufgezogen. Einige Jahre später verkaufte sie ihr Haus und konnte die Katzen nicht mitnehmen oder verschenken. Die einzige Möglichkeit bestand darin, die Katzen in ein Tierheim zu bringen und sie einzuschläfern. Castaneda bot sich als Fahrer an.

Er parkte vor dem Tierheim. Seine Freundin nahm die eine Katze und trug sie hinein. Während die Katze getragen wurde, spielte sie mit der Besitzerin, schnurrte und scharrte sanft mit den Pfoten.

Castaneda sah die zweite Katze, Max, an. Und sofort war ihm klar, dass Max genau wusste, was vor sich ging und nicht die Absicht hatte, sich einfach davontragen zu lassen. Max knurrte, fauchte und versteckte sich unter dem Sitz. Nachdem Castaneda halbherzig versucht hatte, ihn zu fangen, öffnete er die Autotür und schrie: "Lauf, Max, lauf!"

Max verwandelte ich plötzlich ‚in eine wirkliche Katze', sprang aus dem Wagen, raste geduckt auf die andere Straßenseite und am Rinnstein entlang, bis er einen offenen Gully fand und in die Kanalisation abtauchte.

Castaneda erzählte seinen Freunden diese Geschichte immer wieder und entwickelte allmählich ein angenehmes Gefühl der Identifikation mit Max. Castaneda war sicher, dass auch er, obwohl auch er wie ein verzogenes, verwöhntes Haustier war, eines Tages vom "Geist des Menschen" eingenommen werden könnte und sich im letzten Moment entschließen würde, zu einer endgültigen Reise davonzustürmen.

Es ist nicht genug, einfach die glücklichste Option zu glauben, sagte ihm Matus. Du kannst nicht einfach die zweite Option ignorieren, nämlich, dass die Katze schon innerhalb von Minuten nach ihrem Sprint in die Freiheit ertrunken oder tot gewesen sein könnte. Es ist eine Sache, einen einzigen hellen Moment zu haben, wenn der Geist die Führung übernimmt. Es ist jedoch eine andere Sache, entsprechend darauf vorbereitet zu sein und durchhalten zu können.

Es gibt aber noch eine andere Option, die berücksichtigt werden muss. Was ist mit der anderen Katze? Natürlich identifizieren wir uns gern mit Max, aber was ist mit der Möglichkeit, dass wir wie die andere Katze sind, die sich glücklich davontragen ließ, um getötet zu werden, immer noch erfüllt von ihren Hauskatzen-Illusionen?

Um ein endgültiges Urteil über Wahrheit und Wert von Castanedas Werken zu fällen, müssen wir auch zwei Welten überbrücken, in denen es weder das eine noch das andere ist. Zum einen könnten wir Castanedas Geschichte einfach für bare Münze nehmen, dass er Don Juan 1960 in Arizona getroffen hat und genau so weitermachte, wie beschrieben. In den Büchern hat Castaneda uns mindestens zwei überzeugende Hinweise gegeben, um diese Option abzulehnen. Er billigte die widersprüchliche Geschichte von Florinda Grau über ihre Interaktion mit ihm und er fügte die Geschichte von Antoine dem Plagiator auf den letzten Seiten, die er jemals veröffentlicht hatte, hinzu.

Die zweite Möglichkeit besteht darin, über diese Widersprüche, sowie Castanedas Versäumnisse bei der Erläuterung und Untermauerung, zusammen mit anderen Belangen, die außerhalb von Castanedas Texten liegen, herzufallen. Wir verurteilen den Autor dann als schamlosen Schwindler, Betrüger und Profitgeier der übelsten Art, dessen offenkundige und vorsätzliche Unaufrichtigkeit alle seine Schriften diskreditiert und disqualifiziert. Daher sollten auch seine Ideen als wertlos angesehen werden.

Wenn wir Castanedas Arbeit positiv bewerten wollen, ohne ihm zu erlauben, uns auszutricksen, müssen wir an eine dritte Option glauben. Wir müssen glauben, dass die Geschichte von Antoine Castanedas Geständnis auf dem Totenbett war. Das bedeutet natürlich, dass der Autor nicht das in den Castanedas Büchern beschriebene Leben gelebt hat. Irgendwie hat er die Arbeit eines anderen plagiiert, um das lange Epos mit den Charakteren von Carlos Castaneda, Don Juan Matus und all den anderen Zauberern und Lehrlingen zu produzieren.

Vielleicht hat der Autor ein altes, unbekanntes Manuskript entdeckt, das die Geschichte eines anderen Castaneda und Don Juan, entweder real oder imaginär, aus einer anderen Zeit erzählt. Vielleicht kannte er einen Geschichtenerzähler, der die Geschichte eines historischen Don Juan kannte oder Geschichten aus der mündlichen Tradition eines Stammes rezitierte.

In jedem Fall hat sich Castaneda zunächst selbst als Hauptfigur in die Geschichte eingebracht, ohne die unglaubliche Popularität zu ahnen, die ihn hoffnungslos hineinziehen und verstricken würde. Erfolg auf Erfolg zwang ihn, die Lügen weiterzuführen und auszudehnen, zuerst für nur zwei oder drei weitere Bücher und dann über Jahrzehnte, bis das Gewicht der Täuschung zu groß wurde und der Mythos für viele Leser zusammenzubrechen begann.

Unabhängig davon, ob das Werk authentisch oder fiktiv oder authentisch, aber plagiiert ist, was hat es für einen Wert? Wie gut ist die Geschichte? Das sind die verbleibenden Fragen, sollten wir glauben.

* * * * *

Es ist nicht leicht, sich im 20. Jahrhundert eine Art von Kindheit und Erziehung vorzustellen, die einen Autor erschaffen würde, der die gesamte epische Geschichte von Castaneda und Don Juan, ob Tatsache oder Fiktion, schreiben könnte. Wir müssten uns ein ungeborenes Kind vorstellen, das von einer gütigen und unvoreingenommenen Familie auf dem Lande, sowohl frei als auch ungeschützt, aufgezogen wurde. Es würde in einem Land leben, das irgendwie außerhalb der Zeit existierte, voller historischer Charaktere, jedoch abgetrennt von den globalen Umbrüchen dieser Ära. Er wäre als Westler mit gemischter Nationalität, während des Zweiten Weltkriegs aufgewachsen, jedoch ohne davon betroffen zu sein.

Castaneda lieferte viele anekdotenhafte Geschichten aus seinem frühen Leben und in seinem letzten Buch *Das Wirken der Unendlichkeit* fügte er noch weitere hinzu. Er sagte, seine Mutter ihn verlassen habe, als er noch sehr klein war, daher schickte ihn sein Lehrer-Vater auf die Farm seines wohlhabenden Großvaters irgendwo in Südamerika. Castaneda empfand es als ideale Situation, in der er von einem Vater, den er als "rücksichtsvoll, zärtlich, sanft und hilflos" beschrieb und einen machtvolleren Großvater großgezogen wurde.

Folglich war er hauptsächlich sich selbst überlassen. Als Junge durchstreifte er die Farm seines Großvaters. Als ein weißer Falke ihren Hühnerstall terrorisierte, verbrachte Castaneda Wochen damit, den Vogel zu verfolgen, doch als er endlich seine Chance hatte, sein Gewehr hob und zielte, entschied er sich, die prachtvolle Kreatur nicht zu erschießen.

Er freundete sich kühn mit dem Erzfeind seines Großvaters an, Leandro Acosta. Acosta war ein Obdachloser, der vom Großvater oft des Einbruchs beschuldigt wurde. Er lebte im Wald und verdiente seinen Lebensunterhalt in verschiedenen Bereichen, hauptsächlich, indem er lebende Tiere fing, um sie an Sammler zu verkaufen. Nach mehreren Jagdausflügen schlug Acosta dem achtjährigen Jungen vor, ihm bei der aufregendsten aller Herausforderungen zu helfen: einen lebenden Geier zu fangen. Dazu wurde der Junge in den Bauch eines toten Esels eingenäht, um darauf zu warten, dass der Königsgeier herunterkam, um den Esel zu fressen. Alles lief nach Plan und als der Geier den Körper des Esels aufschlitzte und seinen Kopf hineinsteckte, packte Castaneda ihn am Hals und hielt ihn lange genug fest, damit Acosta und seine Helfer den Vogel fangen konnten.

Schon mit neun Jahren spielte er äußerst gut Billard. Als ein krimineller Freund, Falelo Quiroga, dies herausfand, bestach er den Jungen mit Kaffee und Plundergebäck. Gegen Mitternacht stellte er ihn gegen die lokalen Billardhaie, die mit hohen Einsätzen spielten, auf. Als er Quiroga kennenlernte, stellte sich Castaneda als Carlos Aranha vor, seinem bevorzugten Namen als Junge. Quiroga würde einen seiner Schläger schicken, um dem Jungen zu helfen, vor jedem Kampf aus seinem Schlafzimmer zu fliehen, indem er ihn auffing, wenn der Junge aus dem Fenster sprang. Sie gewannen Spiel um Spiel und Quiroga versprach, Geld für den Jungen auf der Bank zu hinterlegen. Schließlich forderte er, dass Castaneda ein Match schmeißen und absichtlich mit einem Punkt verlieren solle. Wenn er sich weigerte, drohte der furchteinflößende Gangster eine nicht näher definierte Bestrafung an. Castaneda war verwirrt und konnte nicht sofort antworten. Sein Großvater war irgendwie alarmiert und rettete ihn, indem er mit der ganzen Familie in eine andere, weit entfernte, Stadt zog.

In seiner neuen Stadt raftete er mit seinem Freund Crazy Shepherd den überfluteten Fluss hinunter. Sie waren acht Tage lang auf einer Insel im reißenden Fluss gefangen. Leute aus der Stadt brachten ihnen mit Flößen Vorräte, um sie am Leben zu erhalten.

Ein Jahr später, als er zehn Jahre alt war, forderte ihn sein Fischerkumpel Sho Velez heraus, erneut zu raften. Dieses Mal auf einem unterirdischen und unerforschten Fluss, der in eine Höhle und durch einen Berg führte. Velez etwas verwirrter Vater plante, dies mit dem Floß zu versuchen, was fatal gewesen wäre. Um den Vater zu retten, stahlen die beiden Jungen das Floß, betraten die Höhle und fuhren in der reißenden Strömung in die Mitte des Berges. Sie landeten in einem tiefen stillen Wasserbecken ohne sichtbaren Ausgang und ohne die Möglichkeit, zurückzukehren. Castaneda tauchte hinunter und fand ein Loch in Bodennähe, durch das das Wasser abfloss. Ohne eine andere Wahl zu haben, ließen die beiden Jungen das Floß zurück und tauchten in das Loch ein, rutschten schließlich eine Wasserrinne hinunter, bis sie auf der anderen Seite des Berges herauskamen.

Crazy Shepherd und Velez waren die einzigen Leute in der Stadt, von denen Castaneda glaubte, dass sie immer noch lebendig und vital waren; sie hatten Mut. ‚Niemand sonst in der ganzen Stadt hatte welche. Ich hatte sie alle getestet. So weit es mich betraf, war jeder von ihnen tot, einschließlich der Liebe meines Lebens, meines Großvaters.'

Jahrzehnte später bestand Don Juan darauf, dass Castaneda sein Bewusstsein von all seinen wichtigen Erinnerungen befreien solle, indem er entweder den Protagonisten dankte, mit denen er positive Erfahrungen teilte, oder sich von negativen Rückständen aus ungesunden Beziehungen befreite.

Castanedas Großvater verglich ihn mit seinen zwei Cousins in ähnlichem Alter. Alfredo war gutaussehend, durch sein gutes Aussehen verwöhnt und wurde immer zu jeder Party eingeladen. Luis war häuslich, nicht allzu schlau, aber ehrlich. Er wurde selten eingeladen und blieb zu Hause. Nach Ansicht seines Großvaters war Carlos ein Hurensohn, der weder gut noch schlecht war, der in der Regel gemieden wurde, der sich aber auf jeder Party auf irgendeine Weise Zutritt verschaffen würde.

Ungefähr im Alter von 14 Jahren, lebte Castaneda eine Zeitlang bei einer Tante, deren Haus von Geistern heimgesucht war. Irgendwann schickte ihn jemand nach Italien, um dort Bildhauerei zu studieren. Während seines Aufenthalts stellte ihm sein schottischer Freund Eddy die unvergessliche alternde Prostituierte, Madame Ludmilla, vor.

Seine nächste Erinnerung ist an zwei Freundinnen aus dem Junior College, Patricia Turner und Sandra Flanagan, die seine besten Freundinnen waren. Er schaffte es, dass sich beide gleichzeitig in ihn verliebten. Wenig später verlobte er sich mit Kay Condor, einer aufstrebenden Schauspielerin; er mochte sie, weil sie blond und einen Kopf größer war, als er. Seine Freunde erschienen zur Hochzeit, doch Condor schickte eine Nachricht, die ihm mitteilte, dass sie es sich überlegt hätte.

Castanedas Professoren und Arbeitgeber sind ebenfalls Teil seiner Rekapitulation. Aber die letzte und beste Abrechnung hat er für seine Großmutter aufgespart, die er plötzlich einführte und jetzt behauptete, dass sie die eigentliche Macht hinter seinem wohlmeinenden Großvater gewesen wäre. Tatsächlich gibt es keinen wirklichen Grund, diese Geschichte, besonders am Ende seines letzten Buches und sehr kurz vor dem Ende von Castanedas Leben, zu erzählen.

Seine Großmutter rettete einen einheimischen Ureinwohner, der von ihren Angestellten, beschuldigt der Zauberei, gelyncht werden sollte. Dieser gerettete Zauberer wurde ihr Diener. Er riet ihr, ein neugeborenes Waisenkind zu adoptieren und ihn als ihren eigenen Sohn aufzuziehen, was ihre große Familie verärgerte und entfremdete. Sie schickte den Adoptivsohn, genannt Antoine, nach Europa, um dort zu studieren. In seinen frühen Dreißigern kehrte er zu der Zeit, als der junge Castaneda bei ihr wohnte, auf einen Besuch zu ihr zurück.

Castaneda und seine Großmutter beschrieben Antoine

als ‚Dramatiker, Theaterregisseur, Schriftsteller, Dichter'. Beide wiederholten die Behauptung, dass Antoine lebendig wäre, während die ganze restliche Familie als lebende Leichen herumwandelte. Sein einziger unerfüllter Wunsch war, Talent zu haben und als ‚Schriftsteller zur Kenntnis genommen' zu werden.

Antoine schrieb, inszenierte und spielte in einem gefeierten Stück in einem lokalen Theater. Monatelang waren die Aufführungen erfolgreich, bis er plötzlich in einer Zeitung denunziert wurde und seine Arbeit sich als Plagiat erwies. Die Großmutter leugnete dies jedoch, bezichtigte die ganze Stadt des tiefen Neides und fuhr fort, ihren adoptierten Sohn zu unterstützen.

Tage später rief die Großmutter Antoine zu einem Treffen. Sie sagte, dass sie bald sterben würde und keine Zeit mehr habe, aber ermutigte ihn, weiterzumachen und zu leben. Auf Anraten ihres Zaubererberaters hatte sie alles, was sie besaß, verkauft und den gesamten Erlös Antoine übergeben. Sie flehte ihn an, sofort zu gehen, bevor die Familie Rache nehmen könne. Antoine packte seine Koffer, rief ein Auto mit Fahrer und machte einen letzten Halt beim Haus der Großmutter, bevor er ging. Er rezitierte ein neues Originalgedicht, das sie sofort als zwar plagiierte, aber wertvolle Darbietung akzeptierte und ihn zurück nach Europa schickte.

Wir müssen glauben, dass Castaneda damit ausdrücken wollte, dass wir ihn genauso behandeln sollen, wie seine Großmutter Antoine behandelt hatte.

15

ZWÖLF BÜCHER, DREISSIG JAHRE

Um eine Vorstellung von der Reichweite und vom Umfang von Castanedas Gesamtwerk zu bekommen und wie seine zugrundeliegenden Ideen vorgestellt und illustriert werden, folgen hier kurze Synopsen und Zusammenfassungen von 12 seiner Bücher Castanedas Philosophie, durch Erinnern und durch das Zusammenspiel der ersten und zweiten Aufmerksamkeit sein komplettes Bewusstsein zu erlangen, lässt sich am besten im Kontext seiner Geschichte verstehen, die sich über einen langen Zeitraum entfaltete. Die enthaltenen Daten zeigen den chronologischen Zusammenhang von Büchern und historischen Ereignissen.

BUCH 1: *Die Lehren des Don Juan: Ein Yaqui-Weg des Wissens* (1968)
SYNOPSIS: Castaneda trifft Don Juan auf einer Busstation. Einführung der Konzepte von *Diablero* und *Brujo*. Don Juans Familiengeschichte. Daten der anfänglichen Lehren: 1960 bis 1965. Drei ‚Kraftpflanzen'. Objekte der Kraft. Mais-

Zauber und Verbündete. Den besten Sitzplatz auf der Veranda finden. Peyote essen und mit dem Hund spielen. Teufelskraut. Vier Feinde: Angst, Klarheit, Macht und Alter. Peyote pflücken. Mescalito treffen. Einen Weg mit Herz finden. Datura und Eidechsen. Datura und Fliegen. Der kleine Rauch lässt deinen Körper verschwinden. Mescalito singt in einem leuchtenden Peyote-Feld. Seetang. Teufelskraut als Spion. Zwei Eidechsen. Eine Krähe werden. Letzte Begegnung. Verliert und gewinnt seine Seele zurück.

ZUSAMMENFASSUNG: Das erste Buch, veröffentlicht auf dem Höhepunkt des politischen Umbruchs in den USA 1960, diente der Einführung von Castaneda und Don Juan. Ihr erstes Treffen im Jahr 1960 wurde beschrieben. Einige von Matus Freunden und Verwandten wurden vorgestellt. Matus Anleitung zum Anbau und der Nutzung von Kraftpflanzen - Peyote, Datura und Pilze - wurden ebenfalls erklärt. Don Juan beschloss, Castaneda als seinen Lehrling aufzunehmen, doch nach fünf Jahren flippte Castaneda aus, fürchtete, seinen Verstand zu verlieren und zog sich 1965 aus Mexiko zurück.

BUCH 2: *Eine andere Wirklichkeit: Neue Gespräche mit Don Juan* (1971)

SYNOPSIS: Der Unterschied zwischen Sehen und Schauen. *Sacateca* tanzt. Die Jungs vor dem Restaurant. Don Vicente, drei Leute bei einem Auto und ein verschwendetes Geschenk. Verbündete. *Mitote*. *Bacanora* für Lucio. Treffen mit Eligio. Denken. Den Tod von Don Juans Sohn Eulalio sehen. Treffen mit Don Genaro. Nestor und Pablito, seine Lehrlinge. Don Genaro auf dem Wasserfall. Die Mücke als Wächter der anderen Welt. Don Juans Eltern. Castanedas Versprechen an den Jungen mit der ‚Knopfnase'. Don Juans Wohltäter kann nicht sehen. Der Geist eines Wasserlochs. Grüner Nebel und Blasen. Im Wasser reisen. Einen Verbündeten rauchen. La Catalina. Schutzschilde. Löcher in Geräuschen. Ein Kampf mit der Kraft. Don Genaro folgen.

ZUSAMMENFASSUNG: Castaneda kehrte 1968 nach Mexiko zurück und nahm seine Beziehung zu Don Juan wieder auf. Don Genaro Flores wurde als Matus Kumpan vorgestellt und die lange Lehrzeit mit ihren zahlreichen Wüstenwanderungen wurde beschrieben. Das Paradox des Bewusstseins wurde eingeführt, wo es unumgänglich ist, uns vor den unerklärlichen Kräften des Universums zu schützen. Wenn das alles ist, was wir tun, verlieren wir unser Geburtsrecht als Menschen, als Wahrnehmende, die zur Magie fähig sind. Der Unterschied zwischen Sehen und Schauen wurde erklärt und demonstriert.

BUCH 3: *Reise nach Ixtlan: Die Lehre des Don Juan* (1972)

SYNOPSIS: Don Juan erklärt, wie man die Welt anhält. Vereinbarungen. Nebel um sich selbst machen. Die richtige Art, zu gehen. Ein Omen. Mit Pflanzen sprechen. Der weiße Falke. Der Tod als unser Berater. Verantwortung übernehmen. Castanedas Vater. Jäger. ‚Natürlich sind wir gleich'. Verfügbar und nicht verfügbar sein. Aufhören, Beute zu sein. Das magische Reh. Der letzte Akt auf Erden. Das Kaninchen in der Falle. Für die Macht zugänglich werden. Träumen. Begraben sein. Einen Berglöwen fangen. Kontrolle und Hemmungslosigkeit. Blitz im Nebel. Die Höhle. Die Brücke im Nebel. Tanz zum Sonnenuntergang auf einem Hügel. Wesen der Nacht. Schatten. Vier Krieger bilden einen Feuerring. La Catalina. Don Genaro lässt Castanedas Auto verschwinden. Die Welt anhalten und mit einem Kojoten sprechen. Don Genaro auf dem Weg nach Ixtlan.

ZUSAMMENFASSUNG: Don Juan benutzte keine ‚Kraftpflanzen' mehr, um Castaneda zu helfen. Castanedas Bewusstsein ist jetzt geöffnet und seine Schutzschilde sind zusammengebrochen; er musste lernen, wie ein Krieger zu leben, um das Unbekannte zu erforschen und sich vor dessen Angriffen zu schützen. Castaneda lernt über das Auslöschen der persönlichen Geschichte, das Verlieren der Selbstwichtigkeit, den Tod als Berater, Verantwortung zu übernehmen, ein Jäger zu werden, unzugänglich zu sein, die Lebensroutinen zu durchbrechen, die letzte Schlacht auf der Erde, sich der Macht und der Stimmung eines Kriegers zugänglich machen. Das Träumen wurde als der sicherste Weg, Bewusstsein zu erweitern, eingeführt.

BUCH 4: *Der Ring der Kraft* (1974)

SYNOPSIS: Don Juan erklärt die Wichtigkeit persönlicher Kraft. Eine Motte in den Büschen. 48 Freunde rufen. Don Genaro. Das Double. Gleichzeitig an zwei Orten. Das Double versucht zu urinieren. Die Geschichte von Don Genaros Double. Das Double träumt das Selbst. Genaro ruft den Verbündeten. Acht Punkte leuchtender Fasern - zwei Epizentren: Vernunft und Wille. Don Juan in Anzug und Krawatte. Glauben müssen. Max die Katze. Ein sterbender Mann im Alameda Park, Mexiko City. Das Tonal und das Nagual. Gegenstände auf dem Tisch. Tonale ansehen. Don Juan schubst Castaneda durch das Büro der Fluggesellschaft. Genaro fliegt durch die Bäume. Pablito, Nestor und Genaro. Erläuterung der Strategie des Lehrers. Die Blase der Wahrnehmung. Reflexion an Wänden. Springen üben. Begegnung mit den vier Verbündeten: schwarzes Rechteck, riesiger Kojote, dünner Mann und schwarzer Jaguar. Auf und ab geschleudert werden. Die Erklärung der Zauberer. Von der Klippe springen.

ZUSAMMENFASSUNG: Castaneda lernte sein anderes Selbst, sein Double, zu treffen. Das Double wurde erklärt und wie es aufgrund unseres zweistufigen Wahrnehmungsprozesses existiert. Das Double wird beim Träumen angetroffen und wir erfahren, dass es das Double ist, das uns träumt - das ist das Geheimnis des Träumers und des Geträumten. Die acht Punkte unseres Seins wurden erklärt, und dass wir normalerweise nur zwei der acht Punkte verwenden. Das Tonal und das Nagual wurden auch als das Bekannte und das Unbekannte eingeführt, ebenso wie die Insel des Bekannten und seine Bedeutung. Die Erklärung der Zauberer wurde gegeben und wie sie zu den Ereignissen auf dem Hochplateau im Jahr 1973 führte, als Castaneda von der Klippe sprang.

BUCH 5: *Der zweite Ring der Kraft* (1977)

SYNOPSIS: Castaneda fährt auf Pablitos neuer Straße. Dona Soledads neuer Boden. Der Hund im Auto. Die Berührung des Doubles. Die ‚kleinen Schwestern' Lidia, Josefina, La Gorda und Rosa treffen ein. Das Double greift Rosa an. Die Heilung von Rosa und Soledad. Der Doppelgänger erscheint wieder und La Gorda tritt hinzu. In der Höhle. Die Verbündeten rufen. Die menschliche Form. Die ‚Genaros' - Pablito, Nestor, Benigno und Eligio. Tolteken. Pablitos Stuhl. Diskussion über ihre vier Sprünge. Die Kunst des Träumens. Kinder und Vollständigkeit. Die ‚kleinen Schwestern' zeigen ihre Künste. Josefinas Geschenk. Castaneda erinnert sich. Die zweite Aufmerksamkeit. Tonal und Nagual. Gaffen. Zwei Gesichter.

ZUSAMMENFASSUNG: Castaneda kehrte nach Mexiko zurück, um nach Erklärungen zu suchen. Stattdessen geriet er in einen Machtkampf zwischen den Lehrlingen. Die ‚Genaros' und die ‚kleinen Schwestern' wurden eingeführt. Castaneda verletzte drei von ihnen und heilte sie dann, aber sie entdeckten, dass Castaneda sie nicht führen konnte. Castaneda sah zum ersten Mal.

BUCH 6: *Die Kunst des Pirschens* (1981)

SYNOPSIS: Castaneda besucht die Pyramiden in Tula. Objekte alter Zauberer zur Fixierung der zweiten Aufmerksamkeit. Matus und Genaro Flores suchen. Mit La Gorda zusammen träumen und sehen. Der Säbelzahntiger. Sich befehdende Lehrlinge gehen in die Stadt. Silvio Manuels Haus. Überqueren der Brücke. Eine Nebelwand. Getrennte Wege gehen. Castaneda verliert seine menschliche Form in Los Angeles. Erinnerung an die Nagual-Frau. Wer führt eigentlich Castaneda, Juan Matus oder Silvio Manuel? Die karge Landschaft der Schwefeldünen. Schwebezustand. Erinnerungen an Bewegungen zwischen der ersten und zweiten Aufmerksamkeit. Die Regel des Nagual. Vier Männertypen und vier Frauentypen. Julian bringt Don Juan in die Kirche. Don Juans Werbung um Olinda. Don Juans Gruppe von 16 Kriegern. Castanedas Gruppe von acht Kriegern. Castaneda und La Gorda brechen die Regel. Silvio Manuel versucht zu helfen. Castaneda verliert seine Energie und wird dann wiederbelebt. Florinda und Celestino. Castanedas Gelübde mit Dona Soledad. Die gefiederte Schlange.

ZUSAMMENFASSUNG: Die Lehrlinge trennten sich und gingen getrennte Wege. Castaneda und La Gorda haben gemeinsam gelernt, sich an das andere Selbst zu erinnern und sich zwischen der ersten und zweiten

Aufmerksamkeit hin und her zu bewegen. Sie träumten zusammen und entdeckten in der zweiten Aufmerksamkeit gemeinsame Erinnerungen. Zu lernen, von der ersten in die zweite Aufmerksamkeit zu wechseln, war die Methode, um zur Gesamtheit des Selbst zu gelangen. Castaneda erinnerte sich und begann, die Geschichte der alten Zauberer Mexikos, der Tolteken, zu erzählen. Die neuen Seher wurden zusammen mit ihrer neuen Version der Toltekenreligion definiert. Erinnerungen an unsere Leuchtkraft wurden ebenfalls erklärt.

BUCH 7: *Das Feuer von innen* (1984)

SYNOPSIS: Gesteigertes Bewusstsein und Erinnern werden diskutiert. Tolteken-Seher. Die Abstammungslinie der neuen Seher begann um 1600 n. Chr. Don Juans Linie bestand aus 14 Naguals und 126 Sehern. Ein Neuanfang wurde 1723 notiert; die acht folgenden Naguals unterschieden sich von den sechs vorhergehenden. Kleine Tyrannen. Don Juan und der Vorarbeiter. Der Adler und seine Emanationen. Sexuelle Energie. Das Inventar. Anorganische Wesen. Der Spiegel im Wasser. Der Nagual-Schlag. Die Form des Kokons. Laufen mit La Catalina. Die Beherrschung des Bewusstseins. Julian und seine Veränderungen. Leute und die rollende Kraft sehen. Sebastian und der, der dem Tode trotzt. Die vier Seher und ihr Hofstaat. Die Form des Menschen.

ZUSAMMENFASSUNG: Lehren für die rechte und die linke Seite wurden jetzt erklärt und Matus Gruppe von 16 Zauberern wurde vorgestellt. Ebenso wurde auch die Beherrschung des Bewusstseins und die Zusammenfassung von Don Juans Lehren beschrieben; die Zusammenballung von Energiefeldern; die leuchtende Kugel und der Montagepunkt, an dem die Wahrnehmung versammelt wird. Der Adler und die Absicht des Universums wurden erklärt, wo die Wahrnehmung anderer Welten und Wesen an Positionen des Montagepunktes anordnet sind. Die Form des Menschen und seine Bedeutung wurden beschrieben. Arten des Sterbens, einschließlich des Verbrennens von innen, wurden vermerkt. Und Castaneda schilderte, wie der Adler uns Bewusstsein leiht und unser erhöhtes Bewusstsein konsumiert, wenn wir sterben.

BUCH 8: *Die Kraft der Stille* (1987)

SYNOPSIS: Matus Lehrer Julian und dessen Lehrer Elias. Julian der tragische Schauspieler. Don Juan austricksen. Treffen mit Vicente Medrano und Silvio Manuel. Die Emanationen sehen. Der Ort ohne Mitleid. Don Juan verlässt das Haus des Nagual und hat eine Familie. Don Juan stirbt und kehrt dann zu Julians Haus zurück. Gejagt von einem Jaguar. Riesenhaft werden. Hier und hier. Julian wirft Don Juan in den Fluss. Zwei Einbahnbrücken. Tulio.

ZUSAMMENFASSUNG: Stille bedeutet die Beendigung des inneren Dialogs; stilles Wissen versus das Wissen aus Sprache und Vernunft. Es gibt zwei Teile unseres Seins: den stillen Teil - alt, entspannt und verbunden; und der moderne rationale Teil - leicht, nervös und schnell. Die Menschen des Altertums wurden vom schweigenden Wissen beherrscht und diese Ära dauerte viel länger als unsere gegenwärtige. Die Entwicklung des individuellen Selbst und der Sprache führten zu übermäßiger Selbstbezogenheit. Es gibt zwei Punkte – das stille Wissen und die Vernunft - mit zwei Einbahnbrücken dazwischen. Der Montagepunkt kreiert isolierte Inseln der Wahrnehmung.

BUCH 9: *Die Kunst des Träumens* (1993)

SYNOPSIS: Einführung von Carol Tiggs, Florinda Grau und Taisha Abelar. Alte Zauberer haben oft ihre menschliche Energieform verändert. Don Juan führt Castaneda in eine Stadt, die nicht von dieser Welt ist. Interaktion mit anorganischen Wesen. Beziehungen von lästiger Abhängigkeit. Geheime Treffen mit den Anorganischen. Der Traumbotschafter und seine Ratschläge. Kundschafter und Tunnel. Elias und Amalia. Eine Tür genannt Träume. ‚Niemand will gehen'. Das traurige kleine Mädchen. Überleben einer tödlichen Begegnung. Rekapitulation vor dem dritten Tor. Angriff auf der Straße in Tucson. Die Welt ist eine Zwiebel. Bewusstsein ist ein Element. Die Verabredung mit dem Mieter. Männlich und weiblich sind Positionen des Montagepunktes. Die Frau in der Kirche. Schreien in der zweiten Aufmerksamkeit. Carol verliert ihr Lispeln. Carol ist verschwunden.

ZUSAMMENFASSUNG: Träumen ist der einzige Weg, den Montagepunkt harmonisch zu bewegen. Es ist auch die gefährlichste Facette der Zauberei. Das erste Tor des Träumens ist, sich des Einschlafens bewusst zu werden und dann einen Traum festzuhalten. Die Traum-Aufmerksamkeit ist der vorausgehende Teil der zweiten Aufmerksamkeit, wie ein Fluss, der zum Meer führt, welches die gesamte zweite Aufmerksamkeit ist. Matus erklärt den Energiekörper. Das Träumen ist eine zweispurige Straße, eine Luke zwischen Welten voller Scouts aus anderen Welten. Das zweite Tor des Träumens ist die Veränderung der Welten in einem Traum oder einem Scout zu folgen. Castaneda begegnet den anderen Wesen, die die Erde mit uns teilen. Die anorganischen Wesen und ihre historische Rolle beim Träumen werden erklärt. Sie helfen Träumern und haben eine gewisse Anziehungskraft. Die alten Zauberer landeten alle in ihrem Reich. Castaneda schnappte den Köder, wurde gefangen und danach gerettet. Später traf Castaneda die Frau in der Kirche, die, die dem Tod trotzte.

BUCH 10: *Tensegrity. Die magischen Bewegungen des Zauberers* (1998)

SYNOPSIS: Castaneda zieht mit seinen drei weiblichen Kohorten Tiggs, Grau und Abelar nach Los Angeles. Es gibt sechs Vitalitätszentren im menschlichen Körper. Eines davon wurde von einem Eindringling, einem unsichtbaren Raubtier, übernommen.

ZUSAMMENFASSUNG: Castaneda lebte jetzt mit seinen drei weiblichen Kohorten als Anführer einer neuen, modernen Zauberergemeinschaft in Los Angeles. Er stellt die magischen Bewegungen vor, die von Zauberern aus alten Zeiten entdeckt wurden und fester Bestandteil seiner Lehrzeit waren. Castaneda machte sie hiermit für alle verfügbar.

BUCH 11: *Das Rad der Zeit* (1998)

SYNOPSIS: Die Bedeutung der Zeit. Erinnere dich an die Worte von Don Juan.

ZUSAMMENFASSUNG: Zitate aus früheren Büchern.

BUCH 12: *Das Wirken der Unendlichkeit* (1999)

SYNOPSIS: Castaneda trifft Madame Ludmilla. Bill setzt Castaneda am Greyhound Busbahnhof ab. Jorge Campos und Lucas Coronado. Vitaminol, das Allheilmittel. Das Anklopfen des Psychiaters. Pete und Patricia. Rodrigo Cummings geht nach New York. Der große Garrick. Don

Juan kommt nach LA. Professor Lorca. Patricia und Sandra. UCLA. Falelo Quirogas Handel. Einen lebenden Geier fangen, Billard spielen und auf Flüssen raften. Luigi Palma. Alfredo, Luis und Carlos. Die Yaquis besuchen. Die Tante, die bei Nacht herumgeht. Ernest Lipton und sein Volkswagen. Alle unsere Leben sehen. Der ‚Flieger'. Menschen werden gezüchtet wie Hühner und in menschlichen Ställen gehalten. Leandro Acosta. Sho Velez. Antoine. Schiffscafé.

ZUSAMMENFASSUNG: Castaneda beschreibt seine Kindheit mit seinem Großvater, seine Farm und seine Stadt. Der "Flieger" wird vorgestellt und beschrieben, zusammen mit Castanedas Großmutter und ihrem Liebling Antoine, dem Plagiator.

VERWEISE

Abelar, Taisha. 1992. *The Sorcerers' Crossing: A Woman's Journey*

Donner, Florinda. 1991. *Being-in-Dreaming: An Initiation into the Sorcerers' World*

ÜBER DEN AUTOR

foto von Sulastri

Peter Luce war Lehrer in Philadelphia und arbeitete dann 30 Jahre lang im Schmuckgeschäft zwischen Bali und New York. Er lebt jetzt in Indonesien

contact
www.gettingcastaneda.com
PeterLuce@gettingcastaneda.com

www.ingramcontent.com/pod-product-compliance
Lightning Source LLC
Chambersburg PA
CBHW021124300426
44113CB00006B/280